吉林财经大学资助出版图书

分区组设计和折中设计的若干理论

王东莹 著

吉林大学出版社

·长春·

图书在版编目（CIP）数据

分区组设计和折中设计的若干理论 = Some theoretical issues of blocked designs and compromise designs / 王东莹著. —长春：吉林大学出版社，2019.5
 ISBN 978-7-5692-4768-8

Ⅰ.①分… Ⅱ.①王… Ⅲ.①统计学 Ⅳ.①C8

中国版本图书馆CIP数据核字(2019)第103162号

书　　名：	分区组设计和折中设计的若干理论
	FENQUZU SHEJI HE ZHEZHONG SHEJI DE RUOGAN LILUN
	Some theoretical issues of blocked designs and compromise designs

作　　者：	王东莹 著
策划编辑：	黄国彬
责任编辑：	张宏亮
责任校对：	柳　燕
装帧设计：	刘　丹
出版发行：	吉林大学出版社
社　　址：	长春市人民大街4059号
邮政编码：	130021
发行电话：	0431-89580028/29/21
网　　址：	http://www.jlup.com.cn
电子邮箱：	jdcbs@jlu.edu.cn
印　　刷：	长春市宏达印务有限公司
开　　本：	787mm×1092mm　1/16
印　　张：	8
字　　数：	150千字
版　　次：	2019年11月　第1版
印　　次：	2019年11月　第1次
书　　号：	ISBN 978-7-5692-4768-8
定　　价：	40.00元

版权所有　翻印必究

摘　　要

试验设计作为统计学的重要分支,受到越来越多的关注。因析试验则是其中的一部分重要内容。近几十年来涌现出大量的关于因析试验的研究成果,包括如何经济且有效地选择最优的部分因析设计。

根据不同的衡量标准,统计学者提出了多种最优的部分因析设计的准则。其中著名的有:最大分辨度(Maximum Resolution,简记为 MR)准则(Box 和 Hunter[5])、最小混杂(Minimum Aberration,简记为 MA)准则(Fries 和 Hunter[25])、纯净效应(Clear Effects,简记为 CE)准则(Wu 和 Chen[47])和最大估计容量(Maximum Estimation Capacity,简记为 MEC)准则(Sun[38])。这些准则的提出都基于效应排序原则(Effect Hierarchy Principle,简记为 EHP,Wu 和 Hamada[48]),即认为低阶效应比高阶效应更重要,同阶效应同等重要。显然,好的设计更倾向于使低阶效应不被其他效应混杂或者在很轻的程度上被其他效应混杂。尽管这些最优准则都遵循效应等级原则的思想,其混杂参数的不同往往导致选出的最优部分因析设计并不相同。

基于效应等级原则,Zhang 等[62]提出了一般最小低阶混杂(General Minimum Confounding,简记为 GMC)准则。该准则是针对正规的两水平的部分因析设计提出,其核心称为别名效应个数型(Aliased Effect Number Pattern,简称 AENP)。首先,对于正规设计,任意的两个因子效应要么正交,要么完全别名,这样的混杂结构相对简单。AENP 包含着所有因子效应按照不同的严重程度与其他因子效应相互别名的基本信息,更加充分和直接地反映了设计中各阶因子效应之间的混杂关系。理论证明部分也显示,以往准则可以通过 AENP 的特定函数表示出来。故而,相较于以往准则,GMC 准则更为精细和客观地体现了 EHP 准则的思想。

随着研究的深入,AENP 和 GMC 准则得到了充分的发展。主要工作有:Zhang 和 Mukerjee[63]将 GMC 准则推广到素数或素数幂水平的情形,并从补设计的角度给出了关于 GMC 设计的构造理论;Zhang 和 Mukerjee[64]将 AENP 和 GMC 准则推广到分区组的情形,Wei,Li 和 Zhang[44]、Zhang,Li 和 Wei[61]、Tan 和 Zhang[39]和 Zhao 等[67]在 B-GMC、B^1-GMC、B^2-GMC 的构造问题上取得了重要进展;Wei,Yang Li,和 Zhang[45]和 Ren,Li 和 Zhang[36]讨论了 GMC 理论在裂区设计和稳健参数设计中的应用;Cheng 和 Zhang[21]和 Zhou 和 Zhang[72]将 AENP 和 GMC 准则推广到非正规的部分因析设计中;Zhou,Balakrishnan 和 Zhang[71]将 AENP 的概念拓展至因子安排问题的研究之中,等等。此外,GMC 理论的研究工作在试验设计领域受到广泛关注,不少统计学者直接参与研究,而 Cheng[16]对 GMC 理论也有一定程度上的肯定。

以上所有的工作都是基于对 AENP 及其思想的深刻理解,其特有的清晰的表达与广泛的应用使得 GMC 理论成为一个体系并且日趋完善。当然,依靠 AENP 这一有力的研究工具,仍有许多新的研究问题等待发掘。本书则致力于探索分区组情况下的因子安排问题,纯净折中设计的构造以及 AENP 思想在折中设计下的延伸。

本书第一章中回顾了 GMC 理论的发展,并总结了 GMC 理论与以往最优设计准则的联系。第二章主要介绍了本书即将用到的概念和符号,为理论部分的表述及证明提供依据。接下来的章节重点介绍我们所做的工作。

第三章主要介绍 B-F-AENP 准则及其在 B^1-GMC 设计的最优因子安排问题中的应用。Zhou,Balakrishnan 和 Zhang[71]给出了不分区组的 2^{n-m} 设计中的 F-AENP 准则,对于分区组的情形,区组因子的存在使得处理因子效应被混杂的情况更加复杂。我们将设计中涉及某一处理因子的效应分为 g-,b-,m- 和 ϕ- 四类,在每一类效应集中考虑涉及该处理因子的各阶交互效应被混杂的情况,并据此给出了 B-F-AENP 准则的定义。基于 B-F-AENP 准则,我们可以对任意 $2^{m-n}:2^s$ 设计的列进行排序。本章的第三节主要研究 B^1-GMC 设计中列的 B-F-AENP 的计算,分为 $N/2+1 \leqslant n \leqslant N-1$ 和 $5N/16+1 \leqslant n \leqslant N/2$ 两种情况讨论,研究方法主要依赖于对处理列 D_t 的划分以及第 i 类 2fi 的概念。第四节给出了 B^1-GMC 设计中列的排序,结果显示:当处理因子个数 $5N/16+1 \leqslant n \leqslant N-1$ 时,$2^{n-m}:2^s$ B^1-GMC 设计中处理列的排序与 F-AENP 准则下 2^{n-m} GMC 设计中列的排序相同。B-F-AENP 准则及设计列的排序在因子安排问题中的应用在本章第五节做了详细的介绍,16-run、32-run 和 64-run B^1-GMC 设计中依次最优的 $q(=n-m)$ 个最优列以列表给出,详见附录中表 A1.1—A1.3。

第四章主要研究具有纯净的特定因子效应的折中设计及其构造。由 Addelman[2] 和 Sun[38] 提出的四类折中计划(Compromise Plan)只针对主效应全都纯净的情况,进一步来说只考虑设计的分辨度为 Ⅳ 的情况。本章将折中设计的研究范围扩大,重新定义了特定因子效应的集合 Ω_1 为 (1)$\{G_1,G_1 \times G_1\}$,(2)$\{G_1,G_1 \times G_1,G_2 \times G_2\}$,(3)$\{G_1,G_1 \times G_1,G_1 \times G_2\}$,(4)$\{G_1,G_1 \times G_2\}$ 这四类折中设计(Compromise Design),当 Ω_1 中的效应都纯净时,我们称之为纯净折中设计(Clear Compromise Design,简记为 CCD)。CCD 可能是分辨度为 Ⅲ 和 Ⅳ 的设计,关于存在性问题的讨论在本章的第二节详细给出。对于 CCD 的构造问题,第三、四节给出了系统的理论结果。

  然而,CCD 设计并非在全体参数下都存在。所以,我们有必要给出适用于任意参数的"好的"折中设计的定义。本书的第五章给出了针对折中设计好坏的更一般的衡量标准,即部分混杂效应别名个数型(Partial-Aliased Effect Number Patern,简记为 P-AENP)准则,基于该准则可以量化 Ω_1 中各阶特定因子效应被混杂的严重程度。此时,特定因子效应的集合 Ω_1 的构成形式更加宽泛,不仅限于以上重新定义的四类折中设计的形式。在 P-AENP 准则的基础之上,可以给出最优折中设计(Optimal Compromise Design,简记为 OCD)的定义,并进行构造。我们在本章第二节给出了第三类 OCD 在 $\#\{G_1\}=1,2$ 时的构造结果,更多的研究是我们接下来的主要工作内容。

Abstract

As an important branch of statistics, experimental design has received increasing attentions from the statisticians. Design of factorial experiment is an important part of experiment design, Plenty of research achievements focusing on designs of factorial experiment have been proposed for decades, including how to economically and efficiently select optimal fractional factorial design is the main concern of statisticians.

According to different measuring standards, statisticians proposed various optimality criteria for choosing fractional factorial designs. A few of famous criteria are maximum resolution (denoted as MR in short) criterion(Box & Hunter[5]), minimum aberration(MA)criterion(Fries & Hunter[25]), clear effects (CE) criterion (Wu & Chen[47]), maximum estimation capacity(MEC)criterion(Sun[38]). These criteria are based on effect hierarchy principle(EHP, Wu & Hamada[48]), which implies lower order effects are more important than higher order effects, and same order effects are equally important. Obviously, a good fractional factorial design tends to make the lower order effects being not confounding with other effects or being confounding with other effects in quite slight degree. Though these optimality criteria follow the idea of EHP, their distinct parameters of confounding probably lead to completely different optimal fractional factorial designs.

Still based on the idea of EHP, Zhang et al.[62] proposed general minimum confounding(denoted as GMC in short)criterion. This criterion focuses on regular two-level fractional factorial designs, and its core point is the concept named as aliased effect number pattern(AENP). First, for a regular design, any two factor effects are either orthogonal or completely aliased, so it has a relatively simple confounding structure. AENP contains the basic information of all factor effects confounding with other factor effects on di erent serious confounding degrees, and sufficiently and directly reflects the confounding relationship between different orders of factor effects. Moreover, the theoretical results shows that most of the existed criterion can be expressed as a specific function of AENP. Therefore, GMC criterion embodies the idea of EHP in a more explicit and elaborate manner, comparing with the existed criteria.

As the research continues, AENP and GMC criterion have been widely developed. The main works are: Zhang & Mukerjee[63] generalized the GMC criterion in situation with factors having prime or prime order levels, and stated constructions of GMC design using complementary set theory; Zhang & Mukerjee[64] extended AENP and GMC criterion to blocked designs, Wei, Li & Zhang[44], Zhang, Li & Wei[61], Tan & Zhang[39] and Zhao et al.[67] made important achievements on construction of B-GMC, B^1-GMC and B^2-GMC; Wei, Yang Li & Zhang[45] and Ren, Li & Zhang[36] discussed the usage of GMC criterion in split-plot designs and robust parameter designs; Cheng & Zhang[21] and Zhou & Zhang[72] extended the AENP and GMC criterion to nonregular fractional factorial designs; Zhou, Balakrishnan & Zhang[71] applied the idea of AENP for studying optimal arrangement of factors; and so on. Furthermore, GMC criterion work has attracted extensive concern in the field of experimental design, several statist participate in the study, and Cheng[16] also introduces GMC criterion with recognition.

The above works derive from deep understanding of the idea of AENP which possesses explicit expression and widely application and makes GMC theory become a system with increasing improvement. Using AENP, as an efficient tool for study with compatibility, a lot of new problems can be explored. In this article, we discuss optimal arrangements of factors in blocked designs, constructions of clear compromise design and extension of the idea of AENP in compromise designs.

First, in Chapter 1, we review the development of GMC theory, and give an overview of the relationship between GMC criterion and other optimal design criteria. Chapter 2 provides definitions and basic notations used in this article, which are essential for the statements and proofs of theoretical result. The following chapters address the works we have done.

In Chapter 3, we address blocked factor aliased effect number pattern (denoted as B-F-AENP in short) and its application in optimal arrangement of factors in B^1-GMC designs. Zhou, Balakrishnan & Zhang[71] first present factor aliased effect number pattern (F-AENP) criterion for unblocked 2^{n-m} designs. However, for the blocked case, the existence of block factors makes situations that treatment effects being confounded more complicate. We partition effects involving one treatment factors into four classes: g-, b-, m- and ϕ-class. Then, in each of the four classes of effects, we consider the confounding situations of each order of effects involving this treatment factor, and we give definition of B-F-AENP criterion accordingly. Based on the B-F-AENP criterion, we can rank columns in any $2^{m-n} : 2^s$ designs. Section 3.3 studies calculation on the B-F-AENP of columns in B^1-GMC designs, in two cases with $N/2+1 \leqslant n \leqslant N-1$ and $5N/16+1 \leqslant n \leqslant N/2$, the techniques are partitions of treatment columns and the definition of 2fi's of class i. Section 3.4 gives out the B-F-AENP rank of columns in B^1-GMC designs, and the computation results imply that if $5N/16+1 \leqslant n \leqslant N-1$ then the B-F-AENP rank of columns in a $2^{n-m} : 2^s$ B^1-GMC design is the same as the F-AENP rank of columns in a unblocked 2^{n-m} GMC design. Several applications of B-F-AENP of B^1-GMC designs, including strategies of arranging factors, are provided in Section 3.5. As a final illustration, we catalogue the sequential $q(= n-m)$ optimal columns of 16-run, 32-run and 64-run B^1-GMC designs, see Tables A.1—A.3 in the Appendix.

In Chapter 4, we study compromise design containing clear specified effects and its construction. Four classes of compromise plans proposed by Addelman[2] and Sun[38] only focus on situations that all the main effects are clear, moreover they only consider designs of resolution Ⅳ. In this chapter, we extend the study range, and redefine four classes of compromise designs with Ω_1 which denotes the specified sets of effects: (1)$\{G_1, G_1 \times G_1\}$, (2)$\{G_1, G_1 \times G_1, G_2 \times G_2\}$, (3)$\{G_1, G_1 \times G_1, G_1 \times G_2\}$, (4)$\{G_1, G_1 \times G_2\}$. We call them as clear compromise design (denoted as CCD in short) if effects in Ω_1 are all clear. CCDs can be designs with resolution Ⅲ and Ⅳ, details on the existence of CCDs are addressed in Section 4.2, Section 4.3 and Section 4.4 provide theoretical results on the constructions of CCDs.

However, not all CCDs exits for all kinds of parameters. So, it's necessary to define a "good" compromise design for any kind of parameter. In Chapter 5, we provide a more general criterion for ranking compromise designs, that is partial-aliased effect number, denoted as P-AENP in short. P-AENP criterion quantifies the aliased severity degrees of specified effects with any order. Here, the specified set of effects, Ω_1, has much more general form than the four types of compromise design as presented in Chapter 4. Based on the P-AENP criterion, we can define optimal compromise design(OCD) and provide constructions of OCDs. In Section 5.2, we construct OCDs of class three with $\#\{G_1\}=1,2$. Further studies on OCDs would be our future work to be done.

目　录

第1章　绪　论 …………………………………………………… 1
1.1　试验设计概述 ………………………………………… 3
1.2　因析试验设计 ………………………………………… 4
1.3　最优设计 ……………………………………………… 10
1.4　GMC 理论的发展 …………………………………… 12
1.5　本书的主要工作和结构安排 ………………………… 14

第2章　概念及符号 ……………………………………………… 17
2.1　AENP 和 GMC 准则 ………………………………… 19
2.2　分区组情形下的 GMC 理论 ………………………… 21
2.3　F-AENP ……………………………………………… 24
2.4　符　号 ………………………………………………… 25

第3章　区组设计中因子的别名效应个数型和试验的安排 …… 27
3.1　研究背景 ……………………………………………… 29
3.2　B-F-AENP 的定义 …………………………………… 30
3.3　B^1-GMC 设计的 B-F-AENP 的计算 ……………… 33
3.4　B^1-GMC 设计中列的排序 ………………………… 44
3.5　B-F-AENP 在 B^1-GMC 设计中的应用 …………… 48
3.6　小　结 ………………………………………………… 51

第4章　构造具有纯净的特定效应的折中设计 ………………… 53

4.1 研究背景 ……………………………………………… 55

4.2 四类 CCD 的存在性 …………………………………… 57

4.3 当 $2^{q-2}+1 \leqslant n \leqslant 2^{q-1}$ 时 CCD 的构造 ……………… 60

4.4 当 $M(q)+1 \leqslant n \leqslant 2^{q-2}+1$ 构造第三类 CCD ………… 62

4.5 小 结 …………………………………………………… 66

第 5 章 最优折中设计的定义与构造 ……………………………… 69

5.1 部分别名效应个数型(P-AENP) …………………………… 71

5.2 基于 P-AENP 构造第三类 OCD …………………………… 74

5.3 小 结 …………………………………………………… 81

总结与讨论 …………………………………………………………… 83

参考文献 ……………………………………………………………… 89

附 录 ………………………………………………………………… 101

第一章

绪 论

1.1 试验设计概述

试验是人们发现科学规律的重要手段,也是人们普遍从事的活动之一,被广泛地应用于科学研究的各个领域,如工程、物理、生物、心理学等。试验设计即为试验相关的知识和技术的整体,指导研究人员如何寻找好的试验、有效地进行数据分析以及合理地建立分析结果与研究目标之间的联系。

近代试验设计起始于 20 世纪 30 年代,伟大统计学家 R. A. Fisher 在英国 Rothamsted 农业试验站进行了开创性的工作。R. A. Fisher 以及另外两位统计学家 F. Yates 和 D. J. Finney 的工作都是受到农业和生物中的实际问题的激励。农业试验的规模大、周期长、田间差异突出等特点促使随机化、分区组、重复试验、正交性、方差分析以及部分因析设计等技术逐步发展起来。同一时期,R. C. Bose 在组合设计理论方面完成了大量的基础工作,其工作在社会科学研究以及羊毛和纺织等工业领域得到了应用。

二战后,试验设计持续快速发展。G. E. P. Box 为解决流程工业中的特殊问题提出了着重于流程的建模和优化的新技术。这类流程工业的试验更加趋向于节省时间成本和花费地设计试验次数。因此,序贯试验成为首选,著名的设计有 G. E. P. Box 提出的中心复合设计和 J. Kiefer 提出的最优设计,这两类设计的分析更多地依赖于回归模型的建立。

相当近的一个时期以来,试验设计的研究受到降低响应变异这一需求的激励,新的技术不断出现。20 世纪 50 年代,G. Taguchi 提出了"正交试验设计法"和"信噪比(S/N)试验设计",分别是以利用正交表安排试验和控制质量波动为基础。其中,正交试验设计法在我国也得到了相当广泛的普及与推广。20世纪80年代,我国著名数学家王元院士和统计学家方开泰教授开创了"均匀试验设计"。相较于正交试验设计,在试验次数有限时,均匀设计常常是更好的选择。

至此,随着概率论、统计学、组合理论、代数学、几何学等理论的应用,试验设计逐渐形成了广泛的理论体系。试验设计的思想和方法也被广泛地应用到农林业、工业、生物、医学、物理、工程、计算机以及社会经济等领域中。

根据不同的研究目标,试验设计中的问题可以分为五大类:(1)处理比较,通过比较几种不同的处理从中选出最好的;(2)变量筛选,通过筛选试验来识别复杂系统中少数的重要变量,然后再实施跟随试验进行深入地研究;(3)响应曲面探查,主要目标是在少数的重要变量被识别之后,探查这些变量与响应之间的关系,即响应曲面,通常基于保证这些变量的线性和二次效应以及部分交互效应都可估的设计;(4)系统优化,对于确定的最优目标通过序贯策略使得试验迅速移动到包含变量最优组合的区域内进行;(5)系统稳健性,为保证系统对噪声变化具有稳健性,选择特殊的控制因子的水平组合使得系统对噪声变化不敏感。

此外,试验设计的研究方向包括:经典的拉丁方设计、回归设计、传统的因子分析试验设计(即因析试验设计)和计算机试验设计等。

1.2　因析试验设计

所谓试验因子,亦称因素,即试验中所研究的变量。根据取值的不同,通常将因子分为两类:定量因子和定性因子。若因子的取值可以在某一区域连续变化,称为定量因子,例如时间、温度等;反之,若因子的取值只能是有限个类别,则称为定性因子,例如时段、品种、不同型号的设备等。其中,因子被考察的值称为水平(level)或设置(setting)。

试验者可以通过改变因子的水平来研究因子对试验结果的影响。在实际应用中,大量的试验都涉及到多个因子,此时"一次一个因子"试验方法不再适用,并且对于交互效应较为显著的情形该方法得到的结论常与实际情况不相符。因此,针对多因子试验的研究方法受到人们的广泛关注。在试验设计中,我们将需要同时处理两个或两个以上因子的试验称作多因子分析实验,简称为因析试验(factorial experiment),相应的试验设计即为因析设计(factorial design)。随着试验设计理论的发展,越来越多的理论研究围绕因析设计展开,而因析设计也成为分析和研究多因子试验最常用工具。

在一次试验中,如果试验者关心的因子有 $n(n \geqslant 2)$ 个,分别记为 F_1,F_2,$\cdots$,F_n,相应的水平数记为 $s_1, s_2, \cdots, s_n(s_i \geqslant 2)$ 个水平,那么包含所有水平组合的试验称为 $s_1 \times s_2 \times \cdots \times s_n$ 完全因析试验,相应的设计称作完全因析设计(full factorial design)。此时,试验次数(treatment combines 或 runs)即水平组合数为 $N = \prod_{i=1}^{n} s_i$ 个。特别地,若所有因子的水平数相同,即 $s_1 = \cdots = s_n = s$,则简称为对称的 s^n 因析设计。反之,称为非对称的因析设计。

接下来,我们以 2^n 因析设计为例,介绍因子效应的概念。我们用 $+1$ 和 -1 表示定量因子的高、低水平。比较试验中该因子在 $+1$ 水平上的平均观测值与其在 -1 水平上的平均观测值,两者之差称为该因子的主效应(main effect 或 ME),考虑两个因子,记为 F_1, F_2。因子 F_1 和因子 F_2 的联合效应,我们称之为 $F_1 \times F_2$ 交互效应(interaction effect 或 INT),也称为因子 F_1 和因子 F_2 之间的两因子交互效应(two factor interaction 或 2fi)或两阶交互效应(second order factorial effect)。为从数值上刻画这一概念,

我们把因子 F_1 在因子 F_2 的 $+1$ 水平上的主效应(也可以理解成条件主效应)与因子 F_1 在因子 F_2 的 -1 水平上的主效应之差的一半称作 $F_1\times F_2$ 交互效应。对于两水平的定性因子，不必区分高低水平，主效应的定义类似。进一步，我们可以给出三阶或者更高阶交互效应的定义。一般地，$F_{j_1}\times F_{j_2}\times\cdots\times F_{j_i}$ 被称为 i 阶交互效应，其中 $1\leqslant i\leqslant n$，$1\leqslant j_1<\cdots<j_i\leqslant n$。该效应的计算公式如下：

$$INT(F_{j_1},F_{j_2},\cdots,F_{j_i})$$
$$=\frac{INT(F_{j_1},F_{j_2},\cdots,F_{j_{i-1}}\mid F_{j_i}=+1)-INT(F_{j_1},F_{j_2},\cdots,F_{j_{i-1}}\mid F_{j_i}=-1)}{2}$$
$$=\bar{y}(F_{j_1}F_{j_2}\cdots F_{j_i}=+1)-\bar{y}(F_{j_1}F_{j_2}\cdots F_{j_i}=-1)$$

(1.2.1)

其中 $\bar{y}(F_{j_1}F_{j_2}\cdots F_{j_i}=\pm1)$ 表示因子 $F_{j_1},F_{j_2},\cdots,F_{j_i}$ 水平的乘积为 ±1 的观测值的平均。注意，这里 $F_{j_1}F_{j_2}\cdots F_{j_i}$ 表示 i 阶交互效应 $F_{j_1}\times F_{j_2}\times\cdots\times F_{j_i}$，在不发生混淆的情形下，我们直接省略其中的"$\times$"。

下面，我们以 2^n 完全因析设计为例，它的模型矩阵如表 1.1。我们将 $F_1,F_2,\cdots,F_n$ 对应的列称为主效应列，其余各列为交互效应列。例如，交互效应列 F_1F_2 是将主效应列 F_1 和 F_2 相对应的元素逐个相乘得到的。显然，此模型矩阵是一个强度为 2 的正交表。该模型矩阵为计算各因子的主效应以及它们之间的交互效应提供依据。在不会发生混淆的情况下，我们采用 $1,2,\cdots,n$ 表示因子 $F_1,F_2,\cdots,F_n$ 或者 n 个主效应列，$12,13,\cdots$，$12\cdots n$ 表示因子交互效应或者因子乘积列。

表 1.1 2^n 完全因析设计的模型矩阵

试验号	F_1	F_2	F_1F_2	F_3	F_1F_3	F_2F_3	$F_1F_2F_3$	⋯
1	+1	+1	+1	+1	+1	+1	+1	⋯
2	−1	+1	−1	+1	−1	+1	−1	⋯
3	+1	−1	−1	+1	+1	−1	−1	⋯
4	−1	−1	+1	+1	−1	−1	+1	⋯
5	+1	+1	+1	−1	−1	−1	−1	⋯
6	−1	+1	−1	−1	+1	−1	+1	⋯
7	+1	−1	−1	−1	−1	+1	+1	⋯
8	−1	−1	+1	−1	+1	+1	−1	⋯
⋮	⋮	⋮	⋮	⋮	⋮	⋮	⋮	⋱

在试验条件允许的情况下,试验者当然可以实施完全因析试验,它能够很好地估计因子的主效应以及交互效应。但是,伴随着试验中因子个数的增加,完全因析设计需要进行的试验次数呈现指数级增长的趋势。例如,具有 10 个两水平因子的完全因析试验需要进行 1024 次试验,而涉及多个具有更高水平数的因子时,试验次数增长速度更快。由于实际情况下的试验受到试验材料、时间和经济预算等各方面的约束,试验者通常难以完成全部的试验。此时,从完全因析试验中选择一部分来进行试验成为试验者的一种合理考量。对于这样的试验,我们称之为部分因析试验,相应的设计称为部分因析设计(fractional factorial design)。一般地,我们将只完成 s^n 完全因析设计中的 $\frac{1}{s^m}$ 部分水平组合的试验记作 s^{n-m} 部分因析设计。根据选出的 s^{n-m} 个水平组合的特性,部分因析设计可以分成若干类别,例如正规与非正规、正交与非正交、区组与非区组、裂区设计等。统计学家在

各个类型的基础之上展开研究,包括设计准则的提出以及最优设计构造。几十年来,围绕这一工作内容已有大量的论文、著作和译作发表,详细内容可参考文献[5,23,28,34,48,78,80,81]。

作为部分因析设计的主要研究课题之一,正规部分因析设计受到了很大的重视。在本节结束之前,我们详细地介绍一下正规部分因析设计的构造与特性。

所谓正规设计,是指那些可以通过定义关系构造出来的设计,否则称之为非正规的设计。正规设计中任意两个效应列正交或者完全相同(也称为完全别名),这类设计具有更简单的别名结构。因此,正规的部分因析设计在科学研究和实际应用中得到了广泛地应用。以叶形弹簧试验(详见 Pignatiello 和 Ramberg[35])为例,该试验的目标是改善卡车叶形弹簧的热处理工艺。表 1.2 列出了由热处理工艺流程的不同阶段提取的 5 个因子,分别为高加热温度、加热时间、传送时间、成形时间和淬火油温,简记为 B、C、D、E 和 Q。如果我们选择 2^{5-1} 设计,并将因子 E 安排到因子 B、C 和 D 的乘积列上,设计阵即为表 1.3。通常我们称因子 B、C、D 和 Q 为独立因子,称因子 E 为生成因子。此时,E 列同时用来估计主效应 E 和三阶交互效应 BCD,即

$$\bar{y}(E=+1) - \bar{y}(E=-1) = \bar{y}(BCD=+1) - \bar{y}(BCD=-1),$$

我们称主效应 E 与三阶交互效应 BCD 别名(aliased),该别名关系记为

$$E = BCD \text{ 或 } I = BCDE,$$

其中 I 表示所有元素为 $+1$ 的列。我们称等式 $I=BCDE$ 为 2^{5-1} 设计的定义关系(defining relation),定义关系中 $BCDE$ 称为定义字,长度(即因子个数)为 4。

表 1.2 叶形弹簧试验的因子与水平设置

因子		水平	
		−	+
B	高加热温度(F°)	1840	1880
C	加热时间(s)	23	25
D	传送时间(s)	10	12
E	成形时间(s)	2	3
Q	淬火油温(F°)	130−150	150−170

表 1.3 叶形弹簧试验的 2^{5-1} 设计阵

B	C	D	E	Q
+1	−1	−1	+1	+1
−1	−1	−1	−1	+1
+1	+1	−1	−1	+1
−1	+1	−1	+1	+1
+1	−1	+1	−1	+1
−1	−1	+1	+1	+1
+1	+1	+1	+1	+1
−1	+1	+1	−1	+1
+1	−1	−1	+1	−1
−1	−1	−1	−1	−1
+1	+1	−1	−1	−1
−1	+1	−1	+1	−1
+1	−1	+1	−1	−1
−1	−1	+1	+1	−1
+1	+1	+1	+1	−1
−1	+1	+1	−1	−1

本书就是围绕着两水平正规部分因析设计所展开的理论研究。一般地，2^{n-m} 设计表示包含 n 个两水平因子，其中包含 $n-m$ 个是独立因子和 m 个生成因子。m 个生成因子对应着 m 个独立定义关系，它们决定了该设计对应着 2^n 完全因析设计的一个确定的 2^{-m} 部分。我们称由 m 个定义字构成的群为定义对照子群(defining contrast subgroup)，其中包含 2^m-1 个定义字和 I(注：I 表示所有元素都为 $+1$ 的设计列，对应着全部观测的总均值)。定义对照子群包含着设计中所有效应之间的别名关系的全部信息。因此，研究者通常依据定义对照子群以及由其导出的因子效应的混杂结构来研究设计的优劣。

1.3 最优设计

通常情况下，固定试验次数和因子个数，试验安排也会有许多种。那么，在开始试验之前，试验者如何在众多不同的试验安排中选取最"好"的来实施试验，这就是一个设计问题。因此，试验者需要制订一个衡量标准来分辨不同设计的优劣。这样的衡量标准就是所谓的设计准则，它必须建立在分析合理并且契合实际的基础之上。设计准则确立之后，试验者就需要考虑是否存在最优设计，最优设计的特征以及如何构造最优设计的问题。这一系列的问题，都是试验设计研究人员广泛关注的内容。

作为试验设计的主要研究课题之一，因析设计受到了研究者的广泛关注。几十年来，围绕因析设计所提出的设计准则有很多，其中包括效应等级原则(effect hierarchy principle 或 EHP)[48]，它指出低阶效应比高阶效应更重要，同阶的效应具有同等的重要性。此外，基于定义对照子群，1961 年 Box 和 Hunter[4] 提出了最大分辨度准则(Maximum Resolution 或 2 或

MR),该准则判定分辨度高的设计更优。由于实际情况中往往出现多个设计同时具有最大分辨度,故而该准则找出的最优设计通常不唯一。

1980 年,Fries 和 Hunter[25]提出了最小低阶混杂(Minimum Aberration 或 MA)准则。该准则基于字长型(word length pattern 或 WLP),即 WLP=$(A_3, A_4, \cdots, A_n)$,其中 A_i 为定义对照子群中长度为 i 的定义字的个数。这一准则研究了定义对照子群中各种长度的定义字的个数信息,同时它也包含着设计分辨度的信息。几十年来,MA 准则吸引了很多学者的目光,相关文献和著作有[11,13,14,15,18,24,33,37,41]。

1993 年,Sun[38]提出了最大估计容量(Maximum Estimation Capacity 或 MEC)准则。由于模型具有不确定性,该准则认为好的设计应该在不同的模型下都具有相对高的效率,即模型应具有稳健性。具体来说,在每个模型出现的可能性相同的假设下,MEC 准则期望对于所有 $r, 1 \leqslant r \leqslant \binom{n}{2}$,能够同时估计全部主效应和 r 个两阶交互效应的模型个数达到最大,从而使得正确模型可估的概率达到最大。相关研究成果参见 Chen 和 Cheng[9]、Cheng,Steinberg 和 Sun[18]、Mukerjee 和 Wu[34]和 Sun[38]。

MA 准则更多地在考量效应之间的平均混杂性质,这导致该准则选出的设计对于低阶效应的可估性较差。Wu 和 Chen[47]基于 EHP 原则提出的纯净效应(Clear Effect 或 CE)准则,它主要考虑了低阶效应可估性的问题。该文章首次提出了纯净效应的概念:当一个主效应或者二阶交互效应不与其他主效应和二阶交互效应别名时,称之为纯净的(clear);当它也不与其他的三阶交互效应别名时,称之为强纯净的(strongly clear)。与此同时,Wu 和 Chen[47]给出了最大纯净二阶交互效应个数(MaxC2)设计的定义。此后,围绕 MaxC2 设计展开的研究成果有[7,12,29,51,56,57,68,70,73]。

随着研究的不断深入,出现了一些考察非正规部分因析设计的最优准则:1999年Deng和Tang[22]的广义的分辨度和广义的最小低阶混杂,以及Tang和Deng[40]、Xu和Wu[55]、Ma和Fang[32]和Xu[52]提出的最优准则等。此外,考察更为复杂的$(s^2)s^{n-k}$混水平设计的研究也得到了大量的理论结果,参见Addelman[1,2]、Wu[46]、Wu,Zhang和Wang[50]、Zhang和Shao[66]等。

1.4 GMC 理论的发展

试验设计的首要工作之一是为试验者提供更好的设计,以达到科学有效地分析试验数据和准确地估计统计模型中的参数的目的。对于"好"的设计的理解,仁者见仁智者见智。几十年来,大量的统计学家为寻找"好"的设计做了很多努力,上一节介绍的设计准则就是其中的一部分内容。2008年,Zhang等[62]提出了一个新的准则,最小低阶混杂准则(general minimum lower order confounding 或 GMC)。该准则主要是针对两水平部分因析设计,即 2^{n-m} 设计,它的基础是一个全新的分类模式,混杂效应个数型(aliased effect number pattern,简记为 AENP)。依据 GMC 准则选取的最优设计被称作 GMC 设计。

Zhang等[62]说明了 GMC 准则与以往的准则的关系,并证明了以往的准则中的数量概念可以表示为 AENP 的函数形式。例如,MA 准则的核心,即 WLP 中的所有元素可以用 AENP 的一种平均函数的形式来表达。此外,Zhang等[62]还证明 GMC 设计必为 MaxC2 设计,它弥补了 MA 设计可能存在的可估性不足的问题。纯净效应准则希望不被混杂的效应的数目尽可能地多,而 GMC 准则希望不被混杂或者被混杂程度轻的效应越多越好,这说明 GMC 准则可看作纯净效应准则的延伸,具有更强的适应性。

随着围绕 GMC 准则的研究不断深入，GMC 理论迅速发展起来。主要研究成果包括：Zhang 和 Mukerjee[63]将 GMC 准则推广到素数或素数幂水平的正规部分因析设计，同时给出了基于补设计的 GMC 设计的构造理论；Zhang 和 Mukerjee[64]将 GMC 准则及其补设计构造理论推广到了分区组的情形，Wei，Li 和 Zhang[44]和 Zhao 等[67]详细讨论了一个区组因子的情形，Zhang，Li 和 Wei[61]则具体地研究了多个区组因子的情形；Cheng 和 Zhang[21]讨论非正规的情形，定义了广义的 AENP 和 GMC 准则；Wei，Yang Li 和 Zhang[45]给出了裂区设计[6]下的 GMC 准则；Ren，Li 和 Zhang[36]将 GMC 准则推广到稳健参数设计和参数优化的应用之中；Zhou，Balakrishnan 和 Zhang[71]将 AENP 推广到研究因子的混杂效应个数型（factor aliased effect number pattern，或 F-AENP），用来考虑具有不同重要性的因子的安排问题。

任意给定准则之下，研究者最关心的问题和最难解决的问题即是最优设计的构造问题。当前流行的准则中也不乏最优设计的构造依然空白的情况，例如，MA 设计的构造问题就没能够完整地解决。同理，GMC 设计的构造问题当然也是研究者关心的首要问题之一。AENP 的优良性质为解决这一问题提供了保证，一系列的研究成果不断涌现。针对正规 2^{n-m} 设计，Li，Zhao 和 Zhang[30]给出了 $5N/16+1\leqslant n\leqslant N-1$ 情形下 GMC 设计的构造结果，此时的 GMC 设计由 Yates 序下的饱和设计的后 n 个列组成；对于 $N/4+1\leqslant n\leqslant 5N/16$ 的情形，Zhang 和 Cheng[60]和 Cheng 和 Zhang[20]借助 Doubling 理论[8,9]来构造 GMC 设计，这部分 GMC 设计由变换后的 Yates 序（re-changed Yates Order，也记作 RC-Yates 序）下的饱和设计的后 n 列组成。Guo，Zhou 和 Zhang[27]利用算法构造了参数 $n<N/4+1$ 的 GMC 设计，同时给出了 $n<N/4+1$ 且 $m\leqslant 4$ 时 GMC 设计的构造结果，该结果也表明这个参数范围内的 GMC 设计即为 MA 设计。Li，Zhang 和 Zhang[31]给出了正规 3^{n-m} GMC 设计的构造问题。

1.5　本书的主要工作和结构安排

本书第二章主要回顾了一般最小低阶混杂原则的提出及其主要研究成果。首先，简要概述了 AENP 和 GMC 准则的定义。其次，介绍了分区组情形下 GMC 理论的延伸，包括 B-GMC、B^1-GMC 和 B^2-GMC 理论。另外，AENP 的思想可以进一步推广至因子安排问题的研究之中，即有各个因子的混杂效应个数型的定义，相关介绍是 2.3 节的主要内容。最后，2.4 节详细介绍本书即将用到的概念、符号。

第三章主要讨论分区组的正规两水平部分因析设计中的因子安排问题。分区组情形下，区组因子的存在使得处理效应之间以及处理效应与区组效应之间的混杂结构变得十分复杂。在考虑任意设计列 γ 的优劣时，我们主要依据的是涉及 γ 的各阶处理交互效应被混杂的严重程度。这里我们将处理效应分类处理，其中与总均值别名的处理效应被归为 g-类，与处理主效应别名的处理效应被归为 m-类，与区组效应别名的处理效应被归为 b-类，剩余处理效应归入 ϕ-类；涉及 γ 的 i 阶处理效应与 j 阶处理效应的混杂关系在这四类效应集中分别研究。由此，我们在第二节定义了 B-F-AENP 准则。接下来，借助于 Zhou, Balakrishnan 和 Zhang[71] 首次提出的 $q+1(q=n-m)$ 种分解 $\{I, H_q\}$ 的方法，我们找出了全部的与区组效应别名的涉及 γ 的两阶处理效应，即可辨别区组结构对设计列的好坏的影响。在 3.3 节，我们给出了参数范围在 $5N/16+1 \leqslant n \leqslant N-1$ 的 B^1-GMC $2^{n-m}:2^s$ 设计中 B-F-AENP 的计算结果，该结果显示出的规律与 Zhou, Balakrishnan 和 Zhang[71] 给出的 GMC 设计中 F-AENP 的数学结果类似。因此，我们大胆猜测 $5N/16+1 \leqslant n \leqslant N-1$ 时 B^1-GMC $2^{n-m}:2^s$ 设计与 GMC 2^{n-m} 设计具有相同的列的排序。这一猜想在 3.4 节的研究和论证中得到进一步的验证。最后,在第五节我们给出 B-F-AENP 序在因子安排中的应用。仍然是针对 B^1-GMC 设计,3.5 节详尽描述了其中依次最优的 $n-m$ 个列的信息,以及前 $n-m$ 个重要因子的安排方法。

在第四章,我们探讨了纯净折中设计的存在性与构造的问题。这里,试验因子被划分成两部分,即 $T=\{G_1;G_2\}$。我们主要关心特定效应集 $\{G_1,G_1\times G_1\}\{G_1,G_1\times G_1,G_2\times G_2\}\{G_1,G_1\times G_1,G_1\times G_2\}$ 和 $\{G_1,G_1\times G_2\}$ 的估计情况。为确保特定效应被很好地估计,自然地我们希望特定效应全部是纯净的,相应的设计被称作第一、二、三、四类的纯净折中设计(clear compromise design 或 CCD)。在 4.3 节,我们着重讨论了不同参数范围下四类纯净折中设计的存在性。由于第二类的纯净折中设计并不存在,并且第三类的纯净折中设计同时为第一类和第四类的纯净折中设计,所以我们仅给出了 $M(q)+1\leqslant n\leqslant 2^{q-2}+1$ 时第三类纯净折中设计的构造。在此构造结果的基础之上,利用投影技术以及删减、移动列的技巧可以得到更多的纯净折中设计。此外,我们构造的纯净折中设计不仅限于分辨度为Ⅳ的设计,更多的是分辨度为Ⅲ的设计。而分辨度为Ⅲ的纯净折中设计的优点在于,当因子个数确定时,它仅需要相对较少的试验次数,可以有效地节约实施试验的时间和成本。

本书的第五章,针对一般的情形,我们考虑如何选择最优的折中设计以保证特定效应不被混杂或者被混杂的程度尽可能地轻。我们提出了部分别名效应个数型(P-AENP)的概念,用来度量特定效应集中的各阶效应被混杂的严重程度,并据此给出了最优折中设计(optimal compromise design 或 OCD)的定义。在接下来的研究内容中,我们首先要关心的部分仍然是构造问题,5.2 节中,我们给出了 G_1 中因子个数较小时的第三类最优折中设计的构造结果。

总结和讨论部分是对本书工作的总结,是对全文研究思想以及方法的梳理,同时也包括对我们后续工作中需要解决的主要问题和研究方向的展望。

最后是附录,根据第三章的结论我们列出了 $5N/16+1 \leqslant n \leqslant N-1$ 时,16-run、32-run 和 64-run B^1-GMC $2^{n-m}:2^s$ 设计中所有列基于 B-F-AENP 的排序,同时也给出了最优的 $n-m$ 个列的信息。

第二章

概念及符号

本章将简单介绍 GMC 理论在提出与发展过程中所涉及到一些概念及符号。首先,我们回顾一下 Zhang 等[62],Zhang 和 Mukerjee[63] 和 Cheng 和 Zhang[20] 中关于的别名效应个数型(AENP)和一般最小低阶混杂准则(GMC 准则)的定义以及 Zhang 和 Cheng[60] 和 Li,Zhao 和 Zhang[30] 中所涉及的符号。其次,针对分区组的设计,我们延续使用 Wei,Li 和 Zhang[44] 的方式将处理效应进行分类,后面将对该分类方式做详细的介绍。在解决分区组情形下因子安排的问题时,我们借鉴了 Zhou, Balakrishnan 和 Zhang[71] 中关于 F-AENP 的定义,对此本章也做了简要回顾。

2.1 AENP 和 GMC 准则

Zhang 等[62]利用别名效应个数型,亦即 AENP,对因子效应之间混杂的严重程度做了更加深入的刻画。对于任意有序实数对 (i,j),文章从两个方面描述了 i 阶交互效应与 j 阶交互效应的混杂关系。第一,1 个 i 阶交互效应如果被 k 个 j 阶交互效应混杂,那么,这个 i 阶交互效应被 j 阶交互效应混杂的严重程度为 k;第二,计算被 j 阶交互效应混杂的严重程度为 k 的 i 阶交互效应的总数。考虑任一给定的 2^{n-m} 设计 T,Zhang 等[62]引入记号 $^\#_i C_j^{(k)}(T)$ 用来表示被 j 阶交互效应混杂的严重程度为 k 的 i 阶交互效应的总数。在不会发生混淆的情况下,我们直接简记为 $^\#_i C_j^{(k)}$。向量 $^\#_i C_j = (^\#_i C_j^{(0)}, ^\#_i C_j^{(1)}, \cdots, ^\#_i C_j^{(K_j)})$,描述了所有 i 阶交互效应按照被 j 阶交互效应混杂的严重程度从最轻到最重的分布情况,其中 $K_j = \binom{n}{j}$。进一步,当取遍所有可能的有序实数对 (i,j) 时,集合

$$\{^\#_i C_j^{(k)}, i,j = 0,1,\cdots,n, k = 0,1,\cdots,K_j\} \qquad (2.1)$$

涵盖了设计 T 中因子效应之间尽可能多的混杂信息,该集合也被称为设计 T 别名效应个数型。在不脱离实际需要的前提之下,依据优先考虑重要效应的原则以及 EHP 原则,集合(2.1)可以对其中的元素进行排序。首先,集合中的因子效应应按照从低阶到高阶的顺序排列。其次,对于同阶因子效应应按照被混杂的程度从最轻到最重依次排列。于是,集合(2.1)中 $_i^\# C_j$ 排在 $_s^\# C_t$ 之前,若:(1) $\max(i,j) < \max(s,t)$,或者 (2) $\max(i,j) = \max(s,t)$ 且 $i < s$,或者(3) $\max(i,j) = \max(s,t), i = s$ 且 $j < t$。于是,(2.1)中的元素排序后得到以下向量:

$$^\# C = (_0^\# C_0, _0^\# C_1, _1^\# C_1, _0^\# C_2, _1^\# C_2, _2^\# C_2, _0^\# C_1, _1^\# C_2, _2^\# C_2 \cdots) \quad (2.2)$$

由于分辨度 $R < \mathrm{III}$ 的正规设计会出现主效应与总均值混杂或主效应与主效应混杂的情况,与实际情况不符。所以试验设计中通常只考虑分辨度至少为 III 的正规设计。此时,Zhang 和 Mukerjee[63]指出(2.2)式中的很多元素可以由其之前的元素的函数形式表达,具体如下:

(1) $_0^\# C_1^{(j)} = (0^{A_j}, 1)$;

(2) $_j^\# C_1^{(1)} = \sum_{k \geqslant 1} k_1^\# C_j^{(k)}$,$_j^\# C_1^{(0)} = K_j - _j^\# C_1^{(1)} - A_j$,$_j^\# C_1^{(k)} = 0 (k \geqslant 2)$;

(3) $\sum_{k \geqslant 1} k_1^\# C_j^{(k)} = (n-j+1)A_{j-1} + jA_j + (j+1)A_{j+1}$,其中 $A_{n+1} = 0$。

故,向量(2.2)可以进一步简化为

$$^\# C = (_1^\# C_2, _2^\# C_2, _1^\# C_3, _2^\# C_3, _3^\# C_2, _3^\# C_3, \cdots) \quad (2.3)$$

为了记号的方便,(2.3)式被称为设计 T 的别名效应个数型,即 AENP。

试验设计的主要目的之一是估计尽可能多的因子效应,而 EHP 准则认为低阶效应更重要。所以,"好"的设计应最小化低阶效应间的混杂。这样的原则与 AENP 结合起来考虑时,应理解为依次最大化 $^\# C$ 中的元素。依据这样的考量,Zhang 等[62]中给出了 GMC 准则的定义。

定义 2.1.1 $^\#C(d)$ 和 $^\#C(d')$ 分别表示设计 d 和 d' 的 AENP, 且令 $^\#C_l$ 为 $^\#C$ 的第 l 个元素。假设 l 是使得 $^\#C_l(d) \neq {}^\#C_l(d')$ 达到最小的数字，若 $^\#C_l(d) > {}^\#C_l(d')$，则称设计 d 比设计 d' 具有更小一般低阶混杂 (general lower order confounding, 简记 GLOC)。进一步地，如果不存在比 d 具有更小 GLOC 的设计, 则称设计 d 为 GMC 设计。

相较 MA 准则而言, GMC 准则更细致地刻画出效应等级原则。并且, AENP 的函数形式可以用来表示 WLP 中的任一元素, 也可以用来表示纯净主效应个数 C_1 与纯净两阶交互效应的个数 C_2, 具体表达式如下:

$$A_3 = \frac{1}{3} \sum_{k=0}^{K_2} k_1 {}^\#C_2^{(k)},$$

$$A_4 = \frac{1}{6} \sum_{k=0}^{K_2} k_2 {}^\#C_2^{(k)},$$

$$A_5 = \frac{1}{10} \Big(\sum_{k=1}^{K_3} k_2 {}^\#C_3^{(k)} - (n-3) \sum_{k=0}^{K_2} k_1 {}^\#C_2^{(k)} \Big),$$

$$\ldots$$

$$C_1 = {}_1^\#C_2^{(0)},$$

$$C_2 = {}_2^\#C_2^{(0)} - {}_1^\#C_2^{(1)}.$$

所以, AENP 包含了更多因子效应之间的混杂信息, 这也是以往的准则中未能完全体现的。

2.2 分区组情形下的 GMC 理论

作为试验设计的三原则之一, 分区组 (blocking) 原则是将齐性 (homogeneous) 单元放在同一区组中比较, 以消除区组效应在处理效应比较中的影响, 达到试验更加有效的目的。另外一种理解, 是通过分区组技术来减小试验单元的非齐性对因子效应的估计的影响,使得试验者能够更加准确的估计因子效应。物理试验中不乏非齐性因子的出现,因此分区组也成为了试验者需要重点考虑的问题之一。与此同时,GMC 理论因其能够提供更多的定义对照子群的信息而受到研究者的重视,那么它在分区组情形下的推广也成为必然。Zhang 和 Mukerjee[64],Wei,Li 和 Zhang[44] 和 Zhang,Li 和 Wei[61]分别针对不同的应用情况对 GMC 准则做了推广,相应准则分别记为 B-GMC、B^1-GMC 和 B^2-GMC 准则。

Zhang 和 Mukerjee[64] 用 A_i 表示字长为 i 的处理定义字的总数,B_i 表示字长为 i 的区组定义字的总数。如果忽略主效应与其他主效应、主效应与区组效应别名的情况,只考虑分辨度 $R \geqslant \mathrm{III}$ 的 $2^{n-m} : 2^s$ 设计。此时有, $A_1 = A_2 = B_1 = 0$。考虑既不与区组效应混杂也不出现在定义对照子群中的 $i(i=1,\cdots,n)$ 阶交互效应,其总数记 $^\#_iC_0 = K_i - A_i - B_i$,同时将其中恰与 k 个 j 阶交互效应别名的 i 阶交互效应的总数表示为 $^\#_iC_j^{(k)}$,$j=1,\cdots,n$,$k=0,\cdots,K_j - A_j = B_j$。注意,这里 $^\#_iC_0$ 表示既不与总均值别名也不与区组效应别名的 i 阶交互效应的总数,并没有按照它们被其余效应混杂的程度对这些 i 阶交互效应进行区分。根据 EHP 原则,序列

$$^\#C = (^\#_1C_2, ^\#_2C_0, ^\#_2C_1, ^\#_1C_3, ^\#_2C_3, ^\#_3C_0, ^\#_3C_2, ^\#_3C_3, \cdots). \qquad (2.4)$$

被称为设计的 AENP,相应的最优设计(依次最大化(2.4)中各元素)称为 $2^{n-m} : 2^s$ B-GMC 设计。

为达到被混杂得轻的低阶交互效应越多越好的目的,Wei,Li 和 Zhang[44] 提出了分区组情形下的新的分类模式,分区组混杂效应个数型 (blocked aliased effect number pattern 或 B-AENP),基于 B-AENP 的准则称为 B^1-GMC 准则,相应的最优设计即为 B^1-GMC 设计。

Wei,Li 和 Zhang[44] 将 $2^n - 1$ 个处理效应按照其所在别名集的特征分成四类:(ⅰ) g-类,与总均值别名的处理效应;(ⅱ) b-类,与某些区组效应

别名的处理效应;(iii) m-类,与某一主效应别名的处理效应;(iv) ϕ 类,以上三类之外余下的处理效应。对于任意 $2^{n-m}:2^s$ 设计 D,${}_i^{\#}C_j^{(k)}$ 表示设计 D 的 $*$-类中刚好与 k 个 j 阶交互效应别名的 i 阶处理效应的总数,$* = g,m,b,\phi$。向量 ${}_i^{\#*}C_j = ({}_i^{\#*}C_j^{(0)},\cdots,{}_i^{\#*}C_j^{(K_j)})$ 描述了 $*$-类中 i 阶处理效应按照被 j 阶处理效应混杂的严重程度从最轻到最重的分布情况。于是,包含设计 D 中所有处理效应的混杂信息的集合

$$^{\#B}C = \{{}_i^{\#g}C_j^{(k)}, {}_i^{\#m}C_j^{(k)}, {}_i^{\#b}C_j^{(k)}, {}_i^{\#\phi}C_j^{(k)}, i,j=0,1,\cdots,n;k=0,\cdots,K_j\} \tag{2.5}$$

被称作设计 D 的 B-AENP。对于分辨度 $R \geqslant \mathrm{III}$ 的设计,如果可以忽略三阶和三阶以上交互效应,再结合 EHP 原则,B-AENP 可简化为:

$$^{\#B}C = \{{}_1^{\#m}C_2, {}_2^{\#\phi}C_2\}。 \tag{2.6}$$

依次最大化上式中各元素的设计仍被称为 B^1-GMC 设计。

B-GMC 准则与 B^1-GMC 准则之间存在一定的联系,主要体现在利用 B-AENP 可对 Zhang 和 Mukerjee[64] 中的 $^{\#}C$ 进行分解,即:

$$_i^{\#}C_j = {}_i^{\#m}C_j + {}_i^{\#\phi}C_j, i,j \neq 0,$$

$$_i^{\#}C_0 = {}_i^{\#m}C_1^{(1)} + \sum_{k=0}^{K_j} {}_i^{\#\phi}C_j^{(k)}, i,j \geqslant 2。$$

以上两准则考虑的都是具有单个区组变量的情形,认为区组主效应与区组交互相应同等重要。然而,对于具有多个区组变量的情形,此时区组效应应遵循 EHP 原则。Zhang,Li 和 Wei[61] 主要考虑多区组变量的情况,仍将处理效应分为 g-,m-,b-,ϕ 类。不同的是,b 类为至少与一个显著的区组效应别名的处理效应。类似地,集合

$$^{\#B}C = \{{}_i^{\#g}C_j^{(k)}, {}_i^{\#m}C_j^{(k)}, {}_i^{\#b}C_j^{(k)}, {}_i^{\#\phi}C_j^{(k)}, i,j=0,1,\cdots,n;k=0,\cdots,K_j\}$$

称为新的区组别名效应个数型,也可进一步简化为

$$^{\#B^2}C = \{{}_1^{\#m}C_2, {}_2^{\#\phi}C_2\} \tag{2.7}$$

相应的准则、最优设计即为 B^2-GMC 准则、B^2-GMC 设计。

形式上，B^1-GMC 准则与 B^2-GMC 准则没有区别。但定义说明多区组变量情况下 b-类处理效应通常比单区组变量的情况少一些，反之，ϕ-类处理效应相较单区组变量的情况多一些。如果只考虑简化后的 B-AENP，两种情况下 ${}_1^\# {}^m C_2$ 相同，而 ${}_2^\# {}^\phi C_2$ 不同。结合上面的讨论，我们可以得出"B^2-GMC 设计的 B-AENP 一般比 B^1-GMC 设计的 B-AENP 好"的结论。

2.3 F-AENP

任何给定的设计中，由于设计列出现在定义对照子群中的位置不同，导致每个设计列所处的地位也不尽相同。相应地，在实际试验当中，也不乏每个因子受到不同程度的关注的情形。此时，合理地将试验因子安排到每个设计列中具有现实的意义。为了解决这一问题，Zhou，Balakrishnan 和 Zhang[71] 将 AENP 推广成各因子的混杂效应个数型，记为 F-AENP。用 ${}_i^\# C_j^{(k)}(T,\gamma)$ 表示 2^{n-m} 设计 T 中恰好与 k 个 j 阶交互效应混杂的包含 γ 的 i 阶交互效应的总数。序列

$$^\# C(T,\gamma) = ({}_1^\# C_1(T,\gamma), {}_1^\# C_2(T,\gamma), {}_2^\# C_1(T,\gamma), {}_2^\# C_2(T,\gamma), \cdots), \gamma \in T$$

(2.8)

为因子 $\gamma \in T$ 的 F-AENP。进一步，$\{^\# C(T,\gamma), \gamma \in T\}$ 称作设计 T 的 F-AENP。将 $^\# C(T,\gamma)$ 的第 l 个分量记作 $^\# C_l(T,\gamma)$，那么对于 $\gamma, \gamma' \in T$，如果对于任意 l 都有 $^\# C_l(T,\gamma) = {}^\# C_l(T,\gamma')$，称它们具有相同的 F-AENP；反之，对于满足 $^\# C_l(T,\gamma) \neq {}^\# C_l(T,\gamma')$ 的最小 l，如果有 $^\# C_l(T,\gamma) > {}^\# C_l(T,\gamma')$，则称 γ 具有比 γ' 更好的 F-AENP，简记为 $\gamma > \gamma'$，即从混杂程度的角度考虑认为 γ 列比 γ' 列更好。对于 $\{^\# C(T,\gamma), \gamma \in T\}$，如果 $^\# C(T,\gamma^*)$ 的分量依次达到最大，那么 γ^* 列即为设计 T 的最优列。依此

类推,依据序列(2.8)可以将设计 T 中的所有列进行排序。

当试验者只考虑分辨度 $R \geqslant \mathrm{III}$ 的设计,并且假定三阶及更高阶的交互效应可忽略时,那么 F-AENP(2.9)可以简化为

$$^{\#}C(T,\gamma) = (^{\#}_1 C_2(T,\gamma), ^{\#}_2 C_1(T,\gamma), ^{\#}_2 C_2(T,\gamma)), \gamma \in T。 \quad (2.9)$$

理论结果部分也显示,根据以上简化的 F-AENP 即可得到唯一的设计列的排序方式。

此外,Zhou,Balakrishnan 和 Zhang[71]计算出了参数范围 $5N/16+1 \leqslant n \leqslant N-1$ 的 2^{n-m} GMC 设计的 F-AENP,同时依据 F-AENP 给出了设计列的排序,进一步阐述了将 q 个重要因子安排到已选设计的 q 个最优列的方法。

2.4 符 号

本书主要研究正规的两水平部分因析设计,我们将沿用 Zhang 和 Mukerjee[63]定义的符号。正规 2^{n-m} 设计具有 n 个因子,m 个独立定义字,$N=2^{n-m}$ 个试验单元(runs),记 $q=n-m$。我们指定 **1,2,…,q** 来表示 q 个含有 2^q 个元素的独立列,每个元素为 1 或 -1,其中 $\mathbf{1}_{2^q}=(1,-1,1,-1,\cdots,1,-1)'$,$\mathbf{2}_{2^q}=(1,1,-1,-1,\cdots,1,1,-1,-1)'$ 和 $\mathbf{3}_{2^q}=(1,1,1,1,-1,-1,-1,-1,\cdots)'$,以此类推。注意,每列的下脚标 2^q 表示该列包含的元素个数为 2^q。进一步,我们将列与列之间的乘法定义为点乘,即对应元素分别相乘,得到的仍然是一个向量,称之为乘积列。于是,我们将以上 q 个独立列生成的所有乘积列按照 Yates 序排列,记作:

$$H_q = \{\mathbf{1,2,12,3,13,23,123,\cdots,12\cdots q}\}_{2^q}$$

H_q 也对应着饱和设计 $2^{N-1-(N-1-n+m)}$。对于一个 2^{n-m} 设计,可以通过在

H_q 中选出的 n 个列构成,其中包含 q 个独立列。同构意义下,我们可以指定选取的 q 个独立列为 $1,2,\cdots,q$,剩余的 m 列只需在 $H_q/\{1,2,\cdots,q\}$ 中选取即可。

本书中,根据理论证明的需要,我们定义了 H_q 的"闭子集"概念。我们记 $I_{2^q}=(1,1,1,1,\cdots,1,1,1,1)'$。对于任意一组独立列 $\{\alpha_1,\cdots,\alpha_f\}\subset H_q$,我们称集合 $\{I,\alpha_1,_2,\cdots,\alpha_f,\alpha_1\alpha_2,\cdots,\alpha_{f-1}\alpha_f,\cdots,\alpha_1\alpha_2,\cdots,\alpha_1\alpha_2\cdots\alpha_f\}$ 由 $\{\alpha_1,\alpha_2,\cdots,\alpha_f\}$ 生成的闭子集。例如,$123,145$ 是 $H_q(q\geqslant 5)$ 中的两个独立列,$\{I;123;145;2345\}$ 即为由 $\{123,145\}$ 生成的闭子集。特别地,我们用 $\{I,H_r\}=\{I,1,2,12,3,13,23,123,\cdots,12\cdots r\}$,$r\leqslant q$,是由独立列 $\{1;2,\cdots,r\}$ 生成的闭子集,用 $\{I,\overline{H}_r\}$ 表示由独立列 $\{r+1,\cdots,q\}$ 生成的闭子集,其中,$\overline{H}_r=\{r+1,r+2,(r+1)(r+2),\cdots,(r+1)(r+2)q\}$。

此外,为描述设计中各个因子效应之间的混杂程度,对于 $T\subseteq H_q$ 和一个 $\gamma\in H_q$,Li,Zhao 和 Zhang[30] 定义

$$B_2(T,\gamma) = \#\{(T,\gamma):\alpha,\beta\in T,\alpha\beta=\gamma\},$$

其中,$\#$ 为计数符号,α 和 β 是设计 T 中两个因子或主效应,$\alpha\beta$ 表示它们的两阶交互效应。于是,$B_2(T,\gamma)$ 表示设计 T 中与主效应 γ 别名的两阶交互效应的个数。

最后,对于固定的试验次数 $N=2^{n-m}$,$q=n-m$,我们用记号 $M(q)$ 表示存在的分辨度大于等于 V 的 2^{n-m} 设计中 n 的最大可能取值。本书中,我们研究的主要是分辨度为 III 和 IV 2^{m-p} 设计。因此,我们只考虑参数范围 $M(q)+1\leqslant n\leqslant N-1$ 内的 2^{n-m} 设计。

第三章

区组设计中因子的别名效应个数型和试验的安排

当试验者对因子的重要性排序有一个先验的认识时,如何将 n 个试验因子安排到选定设计的 n 个设计列上直接关系到对于因子效应估计的准确性。对于具有不同特征的设计都需要解决这样的问题,例如正规与非正规设计、区组与非区组设计等。Zhou,Balakrishnan 和 Zhang[71]主要考虑正规的非区组设计中怎样合理地安排试验因子,本章的内容则是讨论正规的区组设计的情形,针对分区组的两水平正规部分因析设计,我们将给出设计列优劣的排序以及安排试验因子的策略。

3.1 研究背景

试验者使用分区组技术处理具有非齐性的试验单元时,齐性的试验单元分为一组,称为一个区组,区分不同区组的因子称为区组因子。具有区组结构的试验设计即为区组设计。针对区组设计,统计学家提出了各类最优准则。其中应用最广的三类为:(1)基于 MA 准则[10][26][53][65],主要是将因析设计中的处理字长型和区组字长型重新组合,构造新的组合 WLP,依次最小化其中的每一个元素来寻找最优设计;(2)基于 CE 准则[7][48],给出区组设计中纯净的主效应和纯净的两阶交互效应的定义,进而寻找最大化纯净效应个数的设计;(3)基于 MEC 准则[17][34],从模型出发将没有区组结构的 MEC 准则推广到具有区组结构的设计中,然后寻找能同时估计的模型的个数达到最大的设计。这三种最优准则的详细介绍请参考 Mukerjee 和 Wu[34],Wu 和 Hamada[48]。

基于 GMC 理论 Zhang 和 Mukerjee[64]提出的 B-GMC 准则,Wei,Li 和 Zhang[44]提出的 B^1-GMC 准则,以及 Zhang,Li 和 Wei[61]提出的 B^2-GMC 准则。三种最优原则特性不同,应用范围也不同。当试验者具有较少的因子信息时,建议使用 B-GMC 准则,但在试验者具有较多的关于因子重要性的信息时,B^1-GMC 准则或 B^2-GMC 准则更为合适。本章处理区组设计的策略主要是针对第二种情形并参考 B^1-GMC 准则的思想提出的。

以上所有准则都是用来确定最优设计,但对于选定最优设计后如何安排处理因子的问题还没有被解决。我们还是以 B^1-GMC 理论为基础,考虑选定设计后设计列的排序问题以及因子安排的问题。

本章依然采用 Wei,Li 和 Zhang[44] 中记号。$D=(D_t : D_b)$ 表示一个 $2^{n-m}:2^s$ 区组设计。其中,D_t 由 H_q 的 n 列组成,用来安排设计 D 中的 n 个处理因子;$D_b \subset H_q/D_t$ 由 s 个独立列及这些独立生成的所有交互效应列,共 2^s-1 个列,对应设计 D 中的 2^s-1 个处理因子。简便起见,我们直接称处理主效应和处理交互效应为主效应和交互效应。

3.2　B-F-AENP 的定义

考虑 $2^{n-m}:2^s$ 区组设计 $D=(D_t : D_b)$,其中的 2^n-1 个处理效应仍按照 Wei,Li 和 Zhang[44] 中的方式分为 g-、b-、m- 和 ϕ-类,具体细节已在 2.2 节介绍过,此处不再赘述。对于任意设计列 $\gamma \in D_t$,我们用 $^{\#}_i{}^*C_j^{(k)}(D,\gamma)$(或 $^{\#}_i{}^*C_j^{(k)}(\gamma)$)表示恰好与 k 个 j 阶交互效应别名的涉及因子 γ 的 $*$-类 i 阶效应的总数,其中 $* = g, m, b, \phi$,k 代表混杂的严重程度。向量 $(^{\#}_i{}^*C_j^{(0)}(D,\gamma),\cdots,^{\#}_i{}^*C_j^{(K_j)}(D,\gamma))$ 被记为 $^{\#}{}^*\boldsymbol{C}_j(D,\gamma)$,它描述了所有涉及 γ 的 $*$-类 i 阶交互效应按照被 j 阶交互效应的混杂情况从最轻到最重的分布,$K_j = \binom{n}{j}$。我们称,

$$^{\#B}C(D,\gamma) = \{^{\#}_i{}^*C_j(D,\gamma), i,j = 1,\cdots,n, * = g,b,m,\phi\} \quad (3.1)$$

第三章 区组设计中因子的别名效应个数型和试验的安排

$\gamma \in D_t$ 列的别名效应个数型(Blocked factor aliased effect number pattern 或 B-F-AENP),

$$^{\#B}C(D) = \{^{\#*}_iC_j(D,\gamma), i,j = 1,\cdots,n, * = g,b,m,\phi, \gamma \in D_t\}$$
(3.2)

为设计 D 的别名效应个数型,即 B-F-AENP。

例 3.2.1 考虑 Wei,Li 和 Zhang[44]中例 2 给出的 $2^{5-1} : 2^3$ 设计 d_1:

$$I = 1345 = 14b_1 = 23b_2 = 13b_3 = 35b_1 = 1245b_2 = 45b_3$$
$$= 1234b_1b_2 = 34b_1b_3 = 12b_2b_3 = 24b_1b_2b_3 = 25b_1b_2$$
$$= 15b_1b_3 = 2345b_2b_3 = 1235b_1b_2b_3$$

该设计的 g-、b-、m-、ϕ 类效应的集合分别是:

g-类:$\{I, 1345\}$,

b-类:$\{14, 35(=b_1); 23, 1245(=b_2); 13, 45(=b_3); 25, 1234(=b_1b_2);$
$15, 34(=b_1b_3); 12, 2345(=b_2b_3); 24, 1235(=b_1b_2b_3)\}$,

m-类:$\{1, 345; 2, 12345; 3, 145; 4, 135; 5, 134\}$,

ϕ-类:$\{123, 245; 124, 235; 125, 234\}$.

根据 $^{\#*}_iC_j(D,\gamma)$ 的定义,$\gamma = 1, 3, 4, 5$ 时,有 $^{\#g}_4C_0(D,\gamma) = (0,1)$,$^{\#b}_1C_2(D,\gamma) = (0)$,$^{\#b}_2C_2(D,\gamma) = (1,3)$,$^{\#b}_2C_4(D,\gamma) = (3,1)$,$^{\#b}_4C_2(D,\gamma) = (0,3)$,$^{\#m}_1C_3(D,\gamma) = (0,1)$,$^{\#m}_3C_1(D,\gamma) = (0,3)$;$^{\#\phi}_3C_3(D,\gamma) = (0,3)$;$\gamma = 2$ 时,有 $^{\#b}_2C_2(D,\gamma) = (4)$,$^{\#b}_2C_4(D,\gamma) = (0,4)$,$^{\#b}_4C_2(D,\gamma) = (0,4)$,$^{\#\phi}_3C_3(D,\gamma) = (0,6)$。

如果我们只考虑最常见的情形,即假设:(ⅰ)主效应与主效应不混杂,(ⅱ)主效应和区组效应不混杂。于是,只需研究分辨度 $R \geqslant Ⅲ$ 的设计。另外,假设所有的三阶及三阶以上的交互效应不显著,可以忽略不计。最终,我们关心的只有涉及主效应和两阶交互效应的混杂关系。故而,(3.1)和(3.2)可简化为

$$^{\#B}C(D,\gamma) = \{^{\#}_{i}{}^{*}C_j(D,\gamma), i+j \geqslant 3, i,j=1,2, * = m,b,\phi\}, \tag{3.3}$$

$$^{\#B}C(D) = \{^{\#}_{i}{}^{*}C_j(D,\gamma), i+j \geqslant 3, i,j=1,2, * = m,b,\phi, \gamma \in D_t\} \tag{3.4}$$

现在,我们考虑用 $^{\#B}C(D)$ 定义一个可以给 D_t 中的设计列排序的准则。准则的主要思想是:对于列 $\gamma \in D_t$,涉及它的主效应及两阶交互效应与其他低阶交互效应混杂的越轻时,列越好。首先,考虑它的主效应,向量 $^{\#b}_{1}C_2(D,\gamma)$ 和 $^{\#m}_{1}C_2(D,\gamma)$ 包含了相关的信息。由于我们只考虑分辨度至少为 III 的设计,即主效应不出现在 b 类效应集中,向量 $^{\#b}_{1}C_2(D,\gamma)$ 可以被忽略。于是,根据 EHP 准则,好的列 γ 首先应当依次最大化向量 $^{\#m}_{1}C_2(D,\gamma)$。接下来,考虑涉及 γ 的两阶交互效应。显然,任何两阶交互效应都不会出现在 g-类效应集中,故所有相关信息只包含于 m-,b 和 ϕ-类效应集当中。由于向量 $^{\#m}_{2}C_1(D,\gamma)$ 能够被 $^{\#m}_{1}C_2(D,\gamma)$ 确定,可以忽略。所以,只需考虑 $^{\#m}_{2}C_2(D,\gamma)$,$^{\#b}_{2}C_2(D,\gamma)$ 和 $^{\#\phi}_{2}C_2(D,\gamma)$。比较这三类集合中的两阶交互效应被混杂的严重程度,可知 b 类最严重,ϕ 类最轻。因此,$^{\#m}_{1}C_2(D,\gamma)$ 之后,我们先依次考虑 $^{\#b}_{2}C_2(D,\gamma)$,$^{\#m}_{2}C_2(D,\gamma)$ 和 $^{\#\phi}_{2}C_2(D,\gamma)$。更进一步,由于出现在 b 类集合中两阶交互效应已经损失掉全部信息,所以 $^{\#b}_{2}C_2(D,\gamma)$ 可以替换为不出现在 b 类效应集中的两阶交互效应的总数,即 $n-1-\sum_k {}^{\#b}_{2}C_2^{(k)}(D,\gamma)$,并且这一值越大越好。最后,我们依次最大化向量 $^{\#m}_{2}C_2(D,\gamma)$ 和 $^{\#\phi}_{2}C_2(D,\gamma)$ 中的分量即可。综上,我们得到如下向量

$$^{\#B}C(D,\gamma) = (^{\#m}_{1}C_2(D,\gamma), n-1-\sum_k {}^{\#b}_{2}C_2^{(k)}(D,\gamma),$$
$$^{\#m}_{2}C_2(D,\gamma), ^{\#\phi}_{2}C_2(D,\gamma)). \tag{3.5}$$

依次比较该向量中的每一个分量可以给出 D_t 中列的排序。我们称(3.5)为区组设计中的因子效应别名个数型(blocked factor aliased effect number pattern 或 B-F-AENP)。

下面,我们给出 D_t 中列的好与坏的定义。

定义 3.2.1 $^{\#B}C(D,\gamma)$ 和 $^{\#B}C(D,\gamma')$ 为 $\gamma,\gamma' \in D_t$ 的 B-F-AENP,分别记它们的第 l 个分量为 $\#BC_l(D,\gamma)$, $^{\#B}C_l(D,\gamma')$。若对于任意 l,都有 $^{\#B}C_l(D,\gamma) = {}^{\#B}C_l(D,\gamma')$,称 γ 和 γ' 具有相同的 B-F-AENP。否则,记 l_0 为使得 $^{\#B}C_l(D,\gamma) \neq {}^{\#B}C_l(D,\gamma')$ 成立的 l 的最小值,若 $^{\#B}C_{l_0}(D,\gamma) > {}^{\#B}C_{l_0}(D,\gamma')$,则称 γ 比 γ' 具有更好的 B-F-AENP,记作 $^{\#B}C(D,\gamma) > {}^{\#B}C(D,\gamma')$ 或 $\gamma > \gamma'$。这意味着,在设计 D 中 γ 列优于 γ'。当 γ 列依次最大化式(3.5)中的每个分量时,称它为 D_t 中最优列。

注,对于分辨度 $R \geq \mathrm{III}$ 的正规的区组部分因析设计,纯净效应是指既不与区组效应别名也不与其他主效应和两阶交互效应别名的主效应或两阶交互效应。根据 B-F-AENP 的定义,我们有:如果 $_1^{\#m}C_2^{(0)}(D,\gamma) = 1$ 则主效应 γ 是纯净的;纯净的涉及 γ 的两阶交互效应的总数为 $_2^{\#}C_2^{(0)}(D,\gamma)$。

3.3 B^1-GMC 设计的 B-F-AENP 的计算

B-F-AENP 可用于度量区组设计中设计列的好与坏,这里区组设计的范围很广泛,全面的研究和计算费时费力,因此有针对性的讨论更为合理。具体试验中,试验者可以根据实际需要计算选定设计的 B-F-AENP,必要时也可以借助程序和算法来实现。作为理论研究部分,本章我们将通过推理和论证来研究 B-F-AENP 计算问题,我们即将给出的理论结果可供试验者直接使用。

由于我们提出的针对区组设计的因子别名效应个数型根源于 B^1-GMC 准则的思想,所以我们优先考虑设计选定为 B^1-GMC 设计的情形。

本节我们将计算 B^1-GMC 设计中因子别名效应个数型的具体表达式。

3.3.1 预备知识

我们只考虑当 $5N/16+1 \leqslant n \leqslant N-1$ 时，B^1-GMC $2^{n-m} : 2^s$ 设计的 B-F-AENP。首先，我们引用 Zhao 等[67]中对于该参数范围下 B^1-GMC 设计的构造结果：

设 $D=(D_t, D_b)$ 为 B^1-GMC $2^{n-m} : 2^s$ 设计，则：

（ⅰ）$5N=16+1 \leqslant n \leqslant N/2$ 时，D_t 由 F_{qq} 的后 n 列组成，

$$D_b = \begin{cases} H_s, N/2 - 2^{s-1} + 1 \leqslant n \leqslant N/2, \\ H_{s-1} \cup F_{qs}, 5N/16 + 1 \leqslant n \leqslant N/2 - 2^{s-1} \end{cases}$$

（ⅱ）$n > N/2$ 时，D_t 由 H_q 的后 n 列组成，$D_b = H_s$。

同构意义下，当 $5N/16+1 \leqslant n \leqslant N-1$ 时，2^{n-m} GMC 设计 T 与 $2^{n-m} : 2^s$ B^1-GMC 设计 $D=(D_t : D_b)$ 中的 D_t 具有相同的结构。所以，Zhou, Balakrishnan 和 Zhang[71] 用以研究 GMC 设计的 F-AENP 的方法，在这里可以作为参考。

我们引入 Zhou, Balakrishnan 和 Zhang[71] 提出的 $q+1$ 类分解 $\{I, H_q\}$ 的方法：

第 0 类：$D_0 : \{\{I\}, \{1\}, \{2\}, \{12\}, \cdots, \{12\cdots(q-1)\}, \{1q\}, \{1q\}, \cdots, \{12\cdots q\}$

第 i 类：$D_i : \begin{cases} \{(I, H_i)\}, \{(I, H_i)(i+1)\}, \{(I, H_i)(i+2)\}, \\ \{(I, H_i)(i+1)(i+2)\}, \cdots ; \{(I, H_i)q\}, \\ \{(I, H_i)(i+1)q\}, \cdots, \{(I, H_i)(i+1)(i+2)\cdots q\} \end{cases}$

第 q 类：$D_q : \{(I, H_q)\}$。

(3.6)

容易看出，第 i 种分类 D_i 中包含中有 2^{q-i} 个子集，每个子集含 2^i 个 $\{I, H_q\}$ 中连续的元素。每个分类中，";"将所有子集划成两部分，第二部分中每个

元素都含有乘积因子 q，第一部分中的每个元素不含。

结合 B^1-GMC$2^{n-m}:2^s$ 设计 $D=(D_t:D_b)$ 的结构与 $q+1$ 种分解 $\{I,H_q\}$ 的方式，可以得出分解 D_t 的方法。我们记 $n=\sum_{i=0}^{q-1}j_i2^i$ 其中 j_i 是 1 或 0，设计 D_t 可以写成：$D_t=\{A_0,\cdots,A_{q-1}\}$。若 $j_i=1$，A_i 是 D_i 一个特定的集合；若 $j_i=0$，$A_i=\emptyset$。并且，当 $n<N/2$ 时，全部 $j_i=1$ 对应的 A_i 分布在 D_i 的后半部分；当 $n\geqslant N/2$ 时，除去 $A_{q-1}=\{(I,H_{q-1})q\}$，其余 $j_i=1$ 对应的 A_i 都分布在 D_i 的前半部分。以上 D_t 的分解与 Zhou, Balakrishnan 和 Zhang[71]中 GMC 设计 T 的分解相同。下面，我们用例子说明这种分解方式。

例 3.3.1 考虑 B^1-GMC $2^{12-7}:2^2$ 设计 $D=(D_t,D_b)$。该设计的参数 $q=5, N=32, n=12, s=2$，满足 $5N/16+1\leqslant n\leqslant N=2-2^{s-1}$，于是有 $H_{s-1}=\{1\}$ 和 $F_{qs}=\{5,15\}$。因此，根据情形（ⅰ）可知 $D_b=\{1,5,15\}$。又因为 $12=\sum_{i=0}^{5-1}j_i2^i$，$(j_0,j_1,j_2,j_3,j_4)=(0,0,1,1,0)$，故 D_t 的分解为 $\{A_0,A_1,A_2,A_3,A_4\}=\{A_2,A_3\}$，这里 $A_2=\{(I,H_2)35\}$、$A_3=\{(I,H_3)45\}$，分别对应着 $\{I,H_5\}$ 的划分 D_2 和 D_3 中的一个子集。

同样地，如果两阶交互效应与 $H_p\setminus H_{p-1}$ 中某一列别名，我们定义它为 p 类的两阶交互效应。换句话说，如果两阶交互效应的两个亲本因子在 D_p 的相同集合中，但在 D_{p-1} 的不同集合中，称之为 p 类的两阶交互效应。

$5N/16+1\leqslant n\leqslant N-1$ 时，由于 Zhou, Balakrishnan 和 Zhang[71]中的 T 与 D_t 由相同列组成，且 $f(T,p)$ 表示设计 T 中相互别名的 $p+1$ 类两阶交互效应的总数。我们只需将 $f(T,p)$ 中 T 替换为 D_t，就能得到设计 D 中相互别名的 $p+1$ 类两阶交互效应的总数，即为 $f(D_t,p)=\sum_{t=p+1}^{q-1}j_t2^{t-1}+j_p\sum_{t=0}^{p-1}j_t2^t$，$p=0,\cdots,q-1$。若 $u>s$，$\sum_{t=u}^{s}j_t2^t=0$。Balakrishnan 和 Zhang[71]已证明

$f(D_t,p), p=0,\cdots,q-1$ 满足

$$\begin{cases} f(D_t,p) > f(D_t,p+1), \text{若}(j_p,j_{p+1})=(0,1) \text{ 或}(j_p,j_{p+1})=(1,0), \sum_{t=0}^{p-1} j_t 2^t > 0, \\ f(D_t,p) = f(D_t,p+1), \text{否则}, \end{cases}$$

(3.7)

并且 $f(D_t,0) \geqslant \cdots \geqslant f(D_t,q-1)$。另外，根据 Zhou, Balakrishnan 和 Zhang[71] 中另一个表示 $y_i(T,p)$ 的重要等式，我们有：

$$y_i(D_t,p) = \begin{cases} 2^p, & p=0,1,\cdots,i-1, i \neq 0, \\ \sum_{t=0}^{i-1} j_t 2^t, & p=i, \\ j_p 2^p, & p=i+1,\cdots,q-1, \end{cases}$$

代表涉及因子 $\gamma, \gamma \in A_i$ 的 $p+1$ 类两阶交互效应的个数。

借助"p 类的两阶交互效应"的定义以及 D_t 特殊的分解形式，我们可以计算 $n-1-\sum_k {}_2^{\#b}C_2^{(k)}(D,\gamma)$ 的值。另一方面，利用函数 $f(D_t,p)$ 和 $y_i(D_t,p)$ 以及 D_t 的分解，我们可以得到（3.5）式的 B-F-AENP: ${}_1^{\#m}C_2(D,\gamma)$, ${}_2^{\#m}C_2(D,\gamma)$ 和 ${}_2^{\#b}C_2(D,\gamma)$。为了方便计算，以下分两种情况讨论：(I) $5N/16+1 \leqslant n \leqslant N/2$ 和 (II) $n > N/2$。

3.3.2 区组结构对 B-F-AENP 的影响

为计算 B-F-AENP，我们须强调设计 $D=(D_t:D_b)$ 与 Zhou, Balakrishnan 和 Zhang[71] 中设计 T 的不同之处，主要考虑因区组结构导致的差异性。我们先来计算 b 类的涉及 γ 的两阶交互效应的总数，即 $\sum_k {}_2^{\#b}C_2^{(k)}(D,\gamma)$。

特别地，当 $s=q-1$ 时，B^1-GMC 设计有 $D_b=H_{q-1}$，D_t 中所有两阶交互效应都与区组效应别名，于是

$$\sum_{k}{}_2^{\#b} C_2^{(k)}(D,\gamma) = n-1, \text{对于任意} \gamma \in D_t. \qquad (3.9)$$

接下来,我们主要讨论 $s \leqslant q-2$ 的情形。首先,我们需要知道什么样的两阶交互效应与区组效应别名,下面的引理给出了答案。

引理 3.3.1 假定 $D=(D_t:D_b)$ 为 B^1-GMC $2^{n-m}:2^s$ 设计,其中 $s \leqslant q-2$。

(ⅰ) $5N/16+1 \leqslant n \leqslant N/2-2^{s-1}$ 时,任意的两阶交互效应与区组效应别名当且仅当它是 $p(1 \leqslant p \leqslant s-1)$ 类两阶交互效应。

(ⅱ) $N-2^{s-1}+1 \leqslant n \leqslant N-1$ 时,任意两阶交互效应与区组效应别名当且仅当它是 $p(1 \leqslant p \leqslant s)$ 类两阶交互效应。

证明:当 $5N/16+1 \leqslant n \leqslant N/2-2^{s-1}$ 时,D_t 由 F_{q1} 的后 n 列组成,所以 D_t 中的任意两阶交互效应只能与 H_{q-1} 中的列别名。然而,$D_b = H_{s-1} \bigcup F_{qs}$,其中 $H_{s-1} \subseteq H_{q-1}$, $F_{qs} \bigcap H_{q-1} = \varnothing$。根据定义 D_t 中 p 类的两阶交互效应与 $H_p \backslash H_{p-1}$ 中某一列别名,我们将 H_{s-1} 分解为 $H_{s-1} = \bigcup_{p=1}^{s-1}(H_p \backslash H_{p-1})$。于是,所有 D_t 中的 p 类,$1 \leqslant p \leqslant s-1$,两阶交互效应与区组效应别名。另一方面,参考 "$p$ 类的两阶交互效应" 的定义可知任意 p 类,$p \geqslant s$ 的两阶交互效应都不与 H_{s-1} 中的列别名。综上,结论 (ⅰ) 成立。

结论 (ⅱ) 的证明类似。

结合引理 3.3.1,可以计算 $\sum_{k}{}_2^{\#b} C_2^{(k)}(D,\gamma)$。

定理 3.3.1 假定 $D=(D_t:D_b)$ 为 B^1-GMC $2^{n-m}:2^s$ 设计,其中 $5N/16+1 \leqslant n \leqslant N-1$, $D_t = \{A_0, \cdots, A_{q-1}\}$, $n = \sum_{t=0}^{q-1} j_t 2^t$。那么

(ⅰ) $5N/16+1 \leqslant n \leqslant N/2-2^{s-1}$ 时,对于 $\gamma \in A_i, j_i = 1$,有

$$\sum_{k}{}_2^{\#b} C_2^{(k)}(D,\gamma) = \begin{cases} \sum_{t=0}^{s-2} j_t 2^t - 1, & \text{若 } 0 \leqslant i \leqslant s-2, \\ 2^{s-1}-1, & \text{若 } s-1 \leqslant i \leqslant q-1; \end{cases} \qquad (3.10)$$

(ii) $N/2-2^{s-1}+1 \leqslant n \leqslant N-1$ 时，对于 $\gamma \in A_i, j_i = 1$，有

$$\sum_k {}^{\#b}_2 C_2^{(k)}(D,\gamma) = \begin{cases} \sum_{t=0}^{s-1} j_t 2^t - 1, & \text{若 } 0 \leqslant i \leqslant s-1, \\ 2^s - 1, & \text{若 } s \leqslant i \leqslant q-1. \end{cases} \quad (3.11)$$

证明： 考虑 (i)。若 $\gamma \in A_i, 0 \leqslant i \leqslant s-2, A_i \neq \emptyset$，则由 γ 与 $\bigcup_{t=s-1}^{q-1} A_t$ 中任意因子生成的两阶交互效应一定是 p 类的，$p \geqslant s$，那么，引理 3.3.1 说明它不在 b 类效应集中。然而，γ 和 $\bigcup_{i=0}^{s-2} A_i$ 中的列分布在 D_{s-1} 相同集合中，故 γ 与 $\bigcup_{i=0}^{s-2} A_i$ 中任意与之不同的因子生成的两阶交互效应只能和 H_{s-1} 中的某列别名。那么，在 b 类效应集中共 $\sum_{t=0}^{s-2} j_t 2^t - 1$ 个涉及 γ 的两阶交互效应。

若 $\gamma \in A_i, s-1 \leqslant i \leqslant q-1, A_i \neq \emptyset$，则有 $\gamma H_{s-1} \subseteq A_i$。那么，在 b 类效应集中共 $2^s - 1$ 涉及 γ 的两阶交互效应。

结论 (ii) 的证明类似。

下面，我们用一个例子来说明定理 3.3.1 的用法。

例 3.3.2 继续例 3.3.1，仍考虑 B^1-GMC $2^{12-7} : 2^2$ 设计 $D = (D_t : D_b)$。我们有 $n=12, s=2, D_t = \{A_2, A_3\} = \{(\mathbf{I}, H_2)35, (\mathbf{I}, H_3)45\}, D_b = \{1, 5, 15\}$，以及 $5N/16 + 1 \leqslant n \leqslant N/2 - 2^{s-1}$。因此，设计 D 属于定理 3.3.1 中的情形 (i)。对于任意 $\gamma \in A_2$（或 A_3），D_t 中只有一个涉及 γ 的两阶交互效应，即 $\gamma(1\gamma)$，与区组效应别名，所以有 $\sum_k {}^{\#b}_2 C_2^{(k)}(D,\gamma) = 1$。

显然，通过定理 3.3.1 我们可以得到关于因子排序的以下推论。

推论 3.3.1 假定 $D = (D_t : D_b)$ 是 B^1-GMC $2^{n-m} : 2^s$ 设计，$s \leqslant q-2$。若只考虑涉及 $\gamma \in D_t$ 的主效应和两阶交互效应被区组效应混杂的严重程度，那么

(i) $5N/16 + 1 \leqslant n \leqslant N/2 - 2^{s-1}$ 时，任意 $\gamma \in \{A_0, \cdots, A_{s-2}\}$ 比 $\gamma \in \{A_{s-1}, \cdots, A_{q-1}\}$ 好；

(ⅱ) $N/2-2^{s-1}+1 \leqslant n \leqslant N-1$ 时,任意 $\gamma \in \{A_0, \cdots, A_{s-1}\}$ 比 $\gamma \in \{A_s, \cdots, A_{q-1}\}$ 好。

3.3.3 $5N/16+1 \leqslant n \leqslant N/2$ 时 B-F-AENP 的计算

$5N/16+1 \leqslant n \leqslant N/2$ 时,B^1-GMC 设计有 $D_t \subseteq F_{q_l}$ 且 D_t 的分辨度为 Ⅳ,因此有

$${}_1^{\#m}C_2(D,\gamma) = (1) \text{ 和 } {}_2^{\#m}C_2(D,\gamma) = (0), \text{对于任意 } \gamma \in D_t。 \quad (3.12)$$

下面,我们计算 ${}_2^{\#\flat}C_2(D,\gamma)$。当 $s=q-1$ 时,D_t 中所有两阶交互效应都分布在 b-类效应集中,且有

$$ {}_2^{\#\flat}C_2(D,\gamma) = (0), \text{对于任意 } \gamma \in D_t。 \quad (3.13)$$

故只需研究 $s \leqslant q-2$ 的情形,我们有以下定理。

定理 3.3.2 假定 $D=(D_t : D_b)$ 为 B^1-GMC $2^{n-m} : 2^s$ 设计,其中 $5N/16+1 \leqslant n \leqslant N/2$。

(ⅰ) 若 $N=2-2^{s-1}+1 \leqslant n \leqslant N/2$,则对于任意 $\gamma \in A_i, j_i \neq 0, 0 \leqslant i \leqslant q-1$,我们有

$$ {}_2^{\#\flat}C_2^{(k)}(D,\gamma) = \begin{cases} \sum_{p=n_{v-1}+1}^{n_v} y_i(D_t,p), & k=f(D_t,n_v)-1, \\ 0, & \text{否则} \end{cases} \quad (3.14)$$

其中 $(n_1, \cdots, n_g)$ 是 $(f(D_t,s), \cdots, f(D_t,q-2))$ 的跳跃点,$n_0=s-1$;

(ⅱ) 若 $5/N=16+1 \leqslant n \leqslant N/2-2^{s-1}$,则对于任意 $\gamma \in A_i, j_i \neq 0, 0 \leqslant i \leqslant q-1$,我们有

$$ {}_2^{\#\flat}C_2^{(k)}(D,\gamma) = \begin{cases} \sum_{p=n'_{v-1}+1}^{n'_v} y_i(D_t,p), & k=f(D_t,n'_v)-1 \\ 0, & \text{否则} \end{cases} \quad (3.15)$$

其中 $(n'_1, \cdots, n'_{g'})$ 是 $(f(D_t,s-1), \cdots, f(D_t,q-2))$ 的跳跃点,$n'_0=s-2$。

证明:考虑结论(ⅰ)。由于 $N/2-2^{s-1}+1 \leqslant n \leqslant N/2, D_t \subseteq F_{q_l}, m$-类效

应集中不存在任何的两阶交互效应。根据引理 3.3.1 可知两阶交互效应包含于 ϕ 类效应集,当且仅当它们是 $s+1$ 到 $q-1$ 类的两阶交互效应。因此,对于 $\gamma \in A_i, j_i \neq 0$,我们只需考虑函数 $f(D_t,p)$ 和 $y_i(D_t,p), s \leq p \leq q-2$。设 $(n_1,n_2,\cdots,n_g)$ 为 $(f(D_t,s),\cdots,f(D_t,q-2))$ 在 $p(s \leq p \leq q-2)$ 上的 g 个跳跃点,即:$p=n_{v-1}+1,\cdots,n_v, v=1,\cdots,g$ 时,$f(D_t,p)=f(D_t,n_v)$,并且 $f(D_t,n_{v-1}) > f(D_t,n_v)$。这里,$n_0+1=s$,等价地,$n_0=s-1$。于是,对于 $s \leq p \leq q-2$,存在 g 个不同的 $k=f(D_t,p)-1$ 值。进一步,对于 $k=f(D_t,n_v)-1, {}_2^{\#\phi}C_2^{(k)}(D,\gamma) = \sum_{p=n_{v-1}+1}^{n_v} y_i(D_t,p)$ 其中 $v=1,2,\cdots,g$。结论(i)证毕。

另一方面,当 $5N/16+1 \leq n \leq N/2-2^{s-1}$ 时,引理 3.3.1 说明涉及 γ 的两阶交互效应出现 ϕ-类效应集当且仅当它是 s 到 $q-1$ 类两阶交互效应。类似地,可以证明(ii)也成立。

下面,我们通过例子来说明当 $5N/16+1 \leq n \leq N/2-2^{s-1}$ 时如何计算 B-F-AENP。

例 3.3.3 继续考虑例 3.3.1 中的设计 D,我们计算 ${}_2^{\#\phi}C_2(D,\gamma)$,$\gamma \in D_t$。由于 $D_t = \{(\mathbf{I},H_2)35,(\mathbf{I},H_3)45\}$,只存在 1 至 4 类的两阶交互效应,其中只有 2 至 4 类的两阶交互效应出现在 ϕ 类效应集中。所以,我们只需考虑 2 至 4 类的两阶交互效应。首先,对于每一个 $p, p=1,2,3$,我们计算相互别名的 $p+1$ 类两阶交互效应的总数,即 $f(D_t,p)$。根据公式 $f(D_t,p) = \sum_{i=p+1}^{q-1} j_i 2^{i-1} + j_p \sum_{t=0}^{p-1} j_t 2^t$,$(j_0,j_1,j_2,j_3,j_4) = (0,0,1,1,0)$,可直接得到 $(f(D,1),f(D,2),f(D,3)) = (6,4,4)$。然后,根据(3.8),我们得到 $(y_2(D_t,1),y_2(D_t,2),y_2(D_t,3)) = (2,0,8)$ 和 $(y_3(D_t,1),y_3(D_t,2),y_3(D_t,3)) = (2,4,4)$。

进一步,对于 $\gamma \in A_i, i=2,3$,由 $f(D_t,2) = f(D_t,3) = 4$ 推出

$_2^{\#\phi}C_2^{(3)}(D,\gamma)=y_i(D_t,2)+y_i(D_t,3)$;由 $f(D_t,1)=6$ 推出 $_2^{\#\phi}C_2^{(5)}(D,\gamma)=y_i(D_t,1)$。于是,我们得到 $\gamma\in A_i$ 时,$i=2,3$,$_2^{\#\phi}C_2^{(3)}(D,\gamma)=8$,$_2^{\#\phi}C_2^{(5)}(D,\gamma)=2$,进而,对于 $\gamma\in D_t$ 有 $_2^{\#\phi}C_2(D,\gamma)=(0^3,8,0,2)$。根据 (3.5) 并结合 (3.12) 和例 3.3.2,我们得到 D 中设计列 $\gamma\in D_t$ 的 B-F-AENP 为 $^{\#B}C(D,\gamma)=((1),10,(0),(0^3,8,0,2))$。

3.3.4 $n>N/2$ 时 B-F-AENP 的计算

当 $n>N/2$ 时,B^1-GMC 设 $D=(D_t:D_b)$ 中 $D_t=\{A_0,\cdots,A_{q-1}\}$,$D_b=H_s$。相应地,$n$ 可分解为 $n=\sum_{t=0}^{q-1}j_t2^t$,并且存在 r 满足 $j_r=0$ 和 $j_{r+1}=\cdots=j_{q-1}=1$。

首先,由于 $_1^{\#m}C_2(D,\gamma)=_1^{\#}C_2(D_t,\gamma)$,其中 $_1^{\#}C_2(T,\gamma)$ 的表达式在 Zhou,Balakrishnan 和 Zhang[71] 已给出。于是,对于 $\gamma\in A_i$,$j_i=1$,$i=r+1,\cdots,q-1$,我们有

$$_1^{\#m}C_2^{(k)}(D,\gamma)=\begin{cases}1, & k=\sum_{t=r+2}^{q-1}2^{t-1}+\sum_{t=0}^{r-1}j_t2^t,\\ 0, & \text{否则}\end{cases} \quad (3.16)$$

对于 $\gamma\in A_i$,$j_i=1$,$i=1,\cdots,r-1$,我们有

$$_1^{\#m}C_2^{(k)}(D,\gamma)=\begin{cases}1, & k=\sum_{t=r+1}^{q-1}2^{t-1},\\ 0, & \text{否则}\end{cases} \quad (3.17)$$

接下来,我们通过以下定理来依次计算 $_2^{\#m}C_2^{(k)}(D,\gamma)$ 和 $_2^{\#\phi}C_2^{(k)}(D,\gamma)$。

定理 3.3.3 假定 $D=(D_t:D_b)$ 为 B^1-GMC $2^{n-m}:2^s$ 设计,其中 $n>N/2$,则对于 $\gamma\in A_i$,$i=r+1,\cdots,q-1$,有

$$_2^{\#m}C_2^{(k)}(D,\gamma)=\begin{cases}n-2^{r+1}, & k=\sum_{t=r+2}^{q-1}2^{t-1}+\sum_{t=0}^{r-1}j_t2^t-1,\\ \sum_{t=0}^{r-1}j_t2^t, & k=\sum_{t=r+1}^{q-1}2^{t-1}-1\end{cases} \quad (3.18)$$

对于 $\gamma \in A_i, j_i = 1, i = 0, \cdots, r-1$，有

$$_2^{\#m} C_2^{(k)}(D, \gamma) = \begin{cases} \sum_{t=r+1}^{q-1} 2^t, & k = \sum_{t=r+2}^{q-1} 2^{t-1} + \sum_{t=0}^{r-1} j_t 2^t - 1, \\ 0, & \text{否则} \end{cases} \quad (3.19)$$

证明：首先考虑 $\gamma \in A_i, i = r+1, \cdots, q-1$。由于 $_1^{\#m} C_2^{(\sum_{t=r+2}^{q-1} + \sum_{t=0}^{r-1} j_t 2^t)}(D, \gamma) = 1$，可知存在 $\sum_{t=r+2}^{q-1} 2^t + \sum_{t=0}^{r-1} j_t 2^{t+1} = n + \sum_{t=0}^{r-1} j_t 2^t - 2^{r+1}$ 个的主效应，它们与某个涉及 γ 的两阶交互效应别名。进一步，根据 Zhou, Balakrishnan 和 Zhang[71] 中引理 1 可知这些主效应构成集合 $(\bigcup_{j=0}^{q-1} A_j / A_i) \cup G$，其中 G 是 A_i 的子集，包含 $\sum_{t=0}^{i-1} j_t 2^t = \sum_{t=0}^{r-1} j_t 2^t + 2^i - 2^{r+1}$ 个元素。(3.16) 和 (3.17) 说明集合 $(\bigcup_{j=r+1}^{q-1} A_j \backslash A_i) \cup G$ 和集合 $\bigcup_{j=0}^{r-1} A_j$ 中的主效应分别与 $\sum_{t=r+2}^{q-1} 2^{t-1} + \sum_{t=0}^{r-1} j_t 2^t$ 和 $\sum_{t=r+1}^{q-1} 2^{t-1}$ 个两阶交互效应别名，其中包含一个涉及 γ 的两阶交互效应。于是，通过 $\#\{(\bigcup_{j=r+1}^{q-1} A_j \backslash A_i) \cup G\} = n - 2^{r+1}$ 和 $\#\{\bigcup_{j=0}^{r-1} A_j\} = \sum_{t=0}^{r-1} j_t 2^t$，可以得出 (3.18)。

对于 $\gamma \in A_i, 0 \leq i \leq r-1$ 的情况，以上方法同样适用，具体证明过程省略。

定理证毕。

定理 3.3.4 假定 $D = (D_t : D_b)$ 为 B^1-GMC $2^{n-m} : 2^s$ 设计，其中 $n > N/2$。则，

$$_2^{\#\#} C_2^{(k)}(D, \gamma) = \begin{cases} \sum_{p=n_{v-1}+1}^{n_v} y'_i(D_t, p), & k = f(D_t, n_v) - 1, v = 1, \cdots, g, \\ 0, & \text{否则}, \end{cases}$$

(3.20)

其中 $(n_1, \cdots, n_g)$ 是 $(f(D_t, s), \cdots, f(D_t, r))$ 的跳跃点，$n_0 = s - 1$，

第三章 区组设计中因子的别名效应个数型和试验的安排

$$y'_i(D_t,p) = \begin{cases} y_i(D_t,p), & s\leqslant p<r, 0\leqslant i\leqslant q-1, i\neq r, \\ 2^r - \sum_{t=0}^{r-1} j_t 2^t, & p=r, r+1\leqslant i\leqslant q-1, \\ 0, & p=r, 0\leqslant i\leqslant r-1. \end{cases}$$

(3.21)

证明：根据引理 3.3.1 和 D_t 的分解，我们知道 $(H_{r+1}\backslash H_s)\backslash \bigcup_{j=0}^{r-1} A_j$ 中的列既不出现在 D_t 中也不出现在 D_b 中，所以 ϕ 类效应集中的任一两阶交互效应必与其中的某一列别名。又因为 $\bigcup_{j=0}^{r-1} A_j \subset H_{r+1}\backslash H_r$，可推出 $(H_{r+1}\backslash H_s)\backslash \bigcup_{j=0}^{r-1} A_j = (H_r\backslash H_s)\cup((H_{r+1}\backslash H_r)\backslash \bigcup_{r=0}^{r-1} A_j)$。所以，$\phi$ 类效应集中的两阶交互效应包括全部的 $s+1$ 到 r 类两阶交互效应，以及与 $(H_{r+1}\backslash H_r)\backslash \bigcup_{j=0}^{r-1} A_j$ 中的列别名的 $r+1$ 类两阶交互效应。

对于 $\gamma\in A_i, 0\leqslant i\leqslant q-1$，记 $(y'_i(D_t,s),\cdots,y'_i(D_t,r))$ 为出现在 ϕ 类效应集中别名集的个数，这些别句集包含一个涉及 γ 的 $s+1$ 到 $r+1$ 类两阶交互效应的。于是，$y'_i(D_t,p)=y_i(D_t,p), s\leqslant p<r$。接下来，考虑 $y'_i(D_i,r)$。若 $r+1\leqslant i\leqslant q-1, \gamma\{(H_{r+1}\backslash H_r)\backslash \bigcup_{j=0}^{r-1} A_j\}\subset A_i$，则 ϕ 类效应集中涉及 γ 的 $r+1$ 类的两阶交互效应的个数为 $2^r-\sum_{t=0}^{r-1} j_t 2^t$，相应地，$y'_i(D_t,r)=2^r-\sum_{t=0}^{r-1} j_t 2^t, r+1\leqslant i\leqslant q-1$。若 $0\leqslant i\leqslant r-1, A_r=\emptyset$，这导致不存在涉及 γ 的 $r+1$ 类两阶交互效应，也就是说，$y'_i(D_t,r)=0, 0\leqslant i\leqslant r-1$。于是，(3.21) 成立。

另一方面，序列 $(f(D_t,s),\cdots,f(D_t,r))$ 表示 ϕ 类效应集中出现在同一别句集中的两阶交互效应的个数，我们记它的 g 个跳跃点为 $(n_1,\cdots,n_g)$。于是，若 $k=f(D_t,n_v)-1, v=1,\cdots,g, {}_2^{\#\phi}C_2^{(k)}(D,\gamma)=\sum_{p=n_{v-1}+1}^{n_v} y'_i(D_t,p)$，否则 ${}_2^{\#\phi}C_2^{(k)}(D,\gamma)=0$，(3.20) 成立。

下面的例子描述了 $n\geqslant N/2$ 时该怎样计算 B-F-AENP。

例 3.3.4 考虑 B^1-GMC $2^{20-15}:2^3$ 设计 $D=(D_t:D_b)$。该设计中,$q=5$,$20=\sum_{i=0}^{5-1}j_i 2^i$,其中 $(j_0,j_1,j_2,j_3,j_4)=(0,0,1,0,1)$ 满足 $r=3$、$j_r=0$ 和 $j_{r+1}=j_{q-1}=1$,并且有 $D_t=\{A_2,A_4\}=\{(\boldsymbol{I},H_2)\boldsymbol{34},(\boldsymbol{I},H_4)\boldsymbol{5}\}$,$D_b=H_3$。

现在,我们计算设计列 $\gamma\in A_4$ 的 B-F-AENP。首先,(3.16) 显示 $_1^{\#m}C_2(D,\gamma)=(0^4,1)$。其次,(3.11) 说明 $\sum_k {}^{\#b}C_2^{(k)}(D,\gamma)=7$,进而有 $n-1-\sum_k {}_2^{\#b}C_2^{(k)}(D,\gamma)=12$。第三,由 (3.18) 得出 $_2^{\#m}C_2^{(3)}(D,\gamma)=4$ 和 $_2^{\#m}C_2^{(7)}(D,\gamma)=4$,等价于,$_2^{\#m}C_2(D,\gamma)=(0^3,4,0^3,4)$。最后,由定理 3.3.4 得出 $f(D_t,3)=8$ 和 $y'_4(D_t,3)=4$,进一步可推出 $_2^{\#}C_2(D,\gamma)=(0^7,4)$。于是,根据 (3.5) 我们得到,$\gamma\in A_4$ 时,${}^{\#B}C(D,\gamma)=((0^4,1),12,(0^3,4,0^3,4),(0^7,4))$。

同理可推得,$\gamma\in A_2$ 时,${}^{\#B}C(D,\gamma)=((0^8,1),16,(0^3,16),(0))$。

3.4 B^1-GMC 设计中列的排序

对于 B^1-GMC $2^{n-m}:2^s$ 设计 $D=(D_t:D_b)$,我们可以根据 B-F-AENP (3.5) 对 D_t 中的列进行排序。上一节针对参数范围在 $5N/16+1\leqslant n\leqslant N-1$ 的情形,给出了 B-F-AENP 的具体表达式,那么本节我们就 D_t 中列的排序问题给出一些理论结果。这些结果在确定了 B^1-GMC 设计的参数范围及构造的情况下,可以直接给出列的排序,更加直观。

根据上一节的计算结果可知 A_i 中所有列具有相同的 B-F-AENP,因此对列进行排序相当于对 A_i 进行排序。为方便证明,我们将 $\gamma\in A_i$ 对应的 ${}^{\#B}C(D,\gamma)$ 记作 ${}^{\#B}C(D,A_i)$。下面的定理给出了具体排序结果。

定理 3.4.1 假定 $D=(D_t:D_b)$ 为 B^1-GMC $2^{n-m}:2^s$ 设计,其中 $5N/16+1\leqslant n\leqslant N-1$,$n=\sum_{t=0}^{q-1}j_t 2^t$,$D_t$ 可以分解为 $\{A_0,\cdots,A_{q-1}\}$,$q=n-m$。

（ⅰ）若 $5N/16+1\leqslant n\leqslant N/2$，根据 B-F-AENP 可将 $A_i, i=0,1,\cdots,q-1$ 排序为：

$$\{A_0, A_1, \cdots A_{q-2}, A_{q-1}\}, \tag{3.22}$$

其中 $A_{q-1}=\emptyset$。

（ⅱ）若 $N/2<n<N-1$，根据 B-F-AENP 可将 $A_i, i=0,1,\cdots,q-1$ 排序为：

$$\{A_{q-1}, A_{q-2}, \cdots A_{r+1}, A_0, A_1, \cdots A_r\} \tag{3.23}$$

证明：对于（ⅰ），我们依然分两种情况考虑(a) $N/2-2^{s-1}+1\leqslant n\leqslant N/2$ 和 (b) $5N/16+1\leqslant n\leqslant N/2-2^{s-1}$。这里只给出了情况(a)的证明，情况(b)的证明类似。

考虑情况(a)。首先，对于所有 $\gamma\in D_t$，$_1^{\#m}C_2(D,\gamma)$ 都相同。接下来，比较 $n-1-\sum_k^{\#b}{}_2^{\#b}C_2^{(k)}(D,\gamma)$。引理 3.3.1 的结论（ⅱ）说明任意的 $\gamma\in\bigcup_{t=0}^{s-1}A_t$ 优于 $\gamma\in\bigcup_{t=s}^{q-1}A_t$。再来，考虑 $_2^{\#m}C_2(D,\gamma)$，所有 $\gamma\in D_t$ 具有相同的 $_2^{\#m}C_2(D,\gamma)$。最后，我们比较 $^{\#\phi}C_2(D,\gamma)$。公式(3.8)指出 $y_i(D_t,p)=j_p 2^p$，$p=s,\cdots,q-2, 0\leqslant i\leqslant s-1$，结合式(3.14)得出 $\gamma\in\bigcup_{t=0}^{s-1}A_t$ 具有相同的 $_2^{\#\phi}C_2(D,\gamma)$。所以，综合以上结果可得 $^{\#B}C(D,A_0)=\cdots={}^{\#B}C(D,A_{s-1})\succ{}^{\#B}C(D,A_u)$，$u\geqslant s$。

下面，我们证明 A_u 不比 A_v 差，这里 $s\leqslant u<u<q-1, j_u=j_v=1, j_t=0, u<t<v$。对于任意 $\gamma\in\bigcup_{t=s}^{q-1}A_t$，上面的证明说明 $^{\#B}C(D,\gamma)$ 中位于 $_2^{\#\phi}C_2(D,\gamma)$ 之前的所有项均相同，因此，我们只考虑 $_2^{\#\phi}C_2(D,\gamma)$。接下来的证明也被分成两种情况：$v=u+1$ 和 $v>u+1$。

第一种情况 $v=u+1$。$s\leqslant p\leqslant q-2$ 时，$y_u(D_t,p)$ 和 $y_v(D_t,p)$ 只可能在两处取不同的值：$p=u,v$。然而 $(j_u,j_v)=(1,1)$ 导致 $f(T,u)=f(T,v)$。同时，公式(3.8)显示 $y_u(D_t,u)+y_u(D_t,v)=y_v(D_t,u)+y_v(D_t,v)$。那么，通过

式 (3.14) 得到 $_2^{\#\phi}C_2(D,A_u)=_2^{\#\phi}C_2(D,A_v)$，进而可推出 $^{\#B}C(D,A_u)$ $=^{\#B}C(D,A_v)$。

第二种情形 $v>u+1$。由于 $j_t=0,u<t<v$，对比 $y_u(D_t,p)$ 和 $y_v(D_t,p)$ 可知它们只可能在 $p=u,\cdots,v$ 取值不同，具体如下：

表 3.4.1　$y_u(D_t,p)$ 与 $y_v(D_t,p)$ 的比较

p	$q-2,\cdots,v+1$	v	$v-1,\cdots,u+1$	u	$u-1,\cdots,s$
$y_u(D_t,p)$	j_p2^p	2^v	0	$\sum_{t=0}^{u-1}j_t2^t$	2^p
$y_v(D_t,p)$	j_p2^p	$\sum_{t=0}^{u-1}j_t2^t+2^u$	2^p	2^u	2^p

与此同时，参考 (3.7) 可由 $(j_u,j_{u+1},\cdots,j_{v-1},j_v)=(1,0,\cdots,0,1)$ 推出 $f(D_t,v)<f(D_t,u)$。定理给出的 $(n_1,\cdots,n_g)$ 的定义，必然存在 $n_l,n_{l'},l>l'$，使得 $f(D_t,n_l)=f(D_t,v)$ 和 $f(D_t,n_{l'})=f(D_t,u)$。可推出 $n_l\geq v\geq n_{l-1}\geq u$ 时，$f(D_t,n_l)<f(D_t,n_{l'})$。表 3.4.1 说明 $y_u(D_t,p)=y_v(D_t,p),p=n_l+1,\cdots,q-2$，我们有 $_2^{\#\phi}C_2^{(k)}(D,A_u)=_2^{\#\phi}C_2^{(k)}(D,A_v),k=f(D_t,n_{l+1})-1,\cdots,f(D_t,n_g)-1$。然而，$_2^{\#\phi}C_2^{(k_l)}(D,A_u)=c+2^v>c+\left(\sum_{t=0}^{u-1}j_t2^t+2^u\right)+\sum_{t=n_{l-1}+1}^{v-1}2^t=_2^{\#\phi}C_2^{(k_l)}(D,A_v),k_l=f(T,n_l)-1$。所以，$k_l$ 是满足 $_2^{\#\phi}C_2^{(k)}(D,A_u)\neq_2^{\#\phi}C_2^{(k)}(D,A_v)$ 最小的 k，并且 $_2^{\#\phi}C_2^{(k_l)}(D,A_v)>_2^{\#\phi}C_2^{k}(D,A_v)$。于是，任意 $\gamma\in A_u$ 比任意 $\gamma\in A_v$ 具有更好的 $_2^{\#\phi}C_2(D,\gamma)$，进而得出 $^{\#B}C(D,A_u)>^{\#B}C(D,A_v)$。

总之，以上对于 $^{\#B}C(D,A_i)$ 的比较说明按照 B-F-AENP 可以对 A'_is 做非降序排列：$\{A_0,A_1,\cdots,A_{q-1}\}$。

(ⅱ) 对于 $N/2<n\leq N-1$，公式 (3.16) 和 (3.17) 显示 $\bigcup_{t=0}^{r-1}A_t$ 中所有 $\gamma's$ 具有相同的 $_1^{\#m}C_2(D,\gamma)$，对于 $\bigcup_{t=r+1}^{r-1}A_t$ 中的所有 $\gamma's$ 结论相同。进一步，由表

3.4.2以及 $\sum_{t=r+2}^{q-1} 2^{t-1} + \sum_{t=0}^{r-1} j_t 2^t < \sum_{t=r+1}^{q-1} 2^{t-1}$，我们知道任意的 $\gamma \in \bigcup_{t=r+1}^{q-1} A_t$ 优于任意的 $\gamma \in \bigcup_{t=0}^{r-1} A_t$。

表 3.4.2 $_1^{\#m}C_2^{(k)}(D, A_u)$ 和 $_1^{\#m}C_2^{(k)}(D, A_v)$ 的比较，其中 $u<r, v \geqslant r+1$

k	$\sum_{t=r+2}^{q-1} 2^{t-1} + \sum_{t=0}^{r-1} j_t 2^t$	$\sum_{t=r+1}^{q-1} 2^{t-1}$	其他 $k's$
$_1^{\#m}C_2^{(k)}(D, A_u)$	0	1	0
$_1^{\#m}C_2^{(k)}(D, A_v)$	1	0	0

接下来，考虑分量 $n-1-\sum_k {}_2^{\#b}C_2^{(k)}(D, \gamma)$。当 $s < r$ 时，推论3.3.1的结论（ⅱ）说明任意 $\gamma \in \bigcup_{t=0}^{s-1} A_t$ 优于 $\gamma \in \bigcup_{t=s}^{r-1} A_t$，$\bigcup_{t=r+1}^{q-1} A_t$ 中所有的 $\gamma's$ 具有相同的 $n-1-\sum_k {}_2^{\#b}C_2^{(k)}(D, \gamma)$。而当 $s=r$ 时，$\bigcup_{t=0}^{r-1} A_t$ 中所有的 $\gamma's$ 具有相同的 $n-1-\sum_k {}_2^{\#b}C_2^{(k)}(D, \gamma)$，$\bigcup_{t=r+1}^{q-1} A_t$ 中所有的 $\gamma's$ 也是如此。

根据公式（3.18）和（3.19）说明任意的 $\gamma \in \bigcup_{t=0}^{r-1} A_t$，$_2^{\#m}C_2(D, \gamma)$ 相同，对于任意的 $\gamma \in \bigcup_{t=r+1}^{q-1} A_t$ 也是如此。

最后，我们比较 $_2^{\#\phi}C_2(D, \gamma)$。对于 $\{A_0, \cdots, A_{r-1}\}$ 和 $\{A_{r+1}, \cdots, A_{q-1}\}$，我们利用证明（ⅰ）的方法可得出 $_2^{\#\phi}C_2(D, A_{q-1}) = \cdots = {}_2^{\#\phi}C_2(D, A_{r+1})$；对于任意的 $\gamma \in A_i$ 和 $\gamma' \in A_j$，$0 \leqslant i < j \leqslant r-1$，$_2^{\#\phi}C_2(D, \gamma)$ 不比 $_2^{\#\phi}C_2(D, \gamma')$ 差。

综上，结合定义3.2.1可以得出结论（ⅱ）。

运用定理3.4.1的结论，我们重新考虑例3.3.4中 B^1-GMC $2^{20-15} : 2^3$ 设计，容易得出该设计的 D_t 中列的排序为 $\{5(\boldsymbol{I}, \boldsymbol{H}_4), 34(\boldsymbol{I}, \boldsymbol{H}_2)\}$。例3.3.4中给出的 B-F-AENP 进一步验证了这一结论。

3.5 B-F-AENP 在 B^1-GMC 设计中的应用

本节我们将讨论区组设计中如何应用 B-F-AENP 来安排试验因子。

首先，我们说明将试验因子安排到设计列的不同方案未必一样好。例如，要将三个重要因子安排到例 3.3.1 中的 B^1-GMC $2^{12-7}:2^2$ 设计 $D=(D_t:D_b)$ 上。这里 $D_t=\{(\mathbf{I},H_2)35,(\mathbf{I},H_3)45\}$，$D_b=\{1,5,15\}$。考虑两种不同的安排方案，分别将三个重要因子安排到设计列 $\{12345,2345,1345\}$ 与 $\{12345,245,35\}$。尽管它们中选出的设计列都是相互独立的，但是第一种方案会导致一个由重要因子生成的两阶交互效应与区组效应 $\mathbf{1}$ 别名，而第二种方案不会。所以，我们有理由认为第二种方案更好。

假定试验者在其实施的区组试验中已知关于因子的重要性排序的先验信息。参照试验因子的重要性排序，通常有以下两种常见的考量方式：(1)分开考虑排好后的重要因子，即对于单个因子，参考该排序依次考虑涉及它的主效应和两阶交互效应；(2)组合考虑排序后的重要因子，即：对于任意的前 k 个重要因子，首要关心的是这 k 个因子生成的主效应及两阶交互效应。这里，k 依次取 $1,2,\cdots$。特别的，当 $k=1$ 时，关心的是最重要因子的主效应和所有涉及它的两阶交互效应。

显然，对于上述情形(1)，单个因子越重要，对于由试验估计它的主效应和涉及它的 2fi's 的准确程度的要求就越高。通过定理 3.4.1，我们看出要达到情形(1)的目标，试验者只需选择一个 B^1-GMC $2^{n-m}:2^s$ 设计，然后将依重要性排好序的因子依次安排到(3.22)或者(3.23)给出的 B-F-AENP 序下的设计列中。

接下来，我们考虑情形(2)。假定 $F_1,F_2,\cdots,F_n$ 表示按照重要性排好序的因子。在当前的情形下,我们依次考虑集合$\{F_1\}$,$\{F_1,F_2\}$,$\cdots$,$\{F_1$, $F_2,\cdots,F_n\}$,以及依次考虑最好地估计效应集$\{F_1,F_1F_j,j=2,\cdots,n\}$,$\{F_1$, $\cdots,F_k,F_iF_j,i,j=1,\cdots,k,i<j\}$,$k=2,\cdots,n$。为完成这一目标,我们需要依照B-F-AENP合理的将因子安排到选定的B^1-GMC $2^{n-m}:2^s$设计列上。首先,对于$k=1$,$\{F_1,F_1F_j,j=2,\cdots,n\}$被区组效应和其他低阶效应混杂的严重程度依次达到最小。接下来,一步一步地,对于每次新加入的因子F_k,需使得$\{F_k,F_kF_j,j=1,\cdots,k-1\}$被区组效应和其他低阶效应混杂的严重程度依次达到最小,其中$k=2,\cdots,n$。

下面,针对情形(2),我们讨论只安排前q个重要因子的特殊情形。显然,选出的q个独立列可以最大限度地减弱这q个重要因子之间的混杂关系。下面,我们着重考虑如何选择q个独立列以减轻q个重要因子被区组因子和其他处理因子混杂的严重程度。由于与区组效应别名的2fi是不能被估计的,所以我们应避免选择构成此类2fi的列。为此,我们要清楚哪些列会涉及到与区组别名的2fi。

我们将D_t分解为$D_t=\{B_0,B_1,\cdots\}$,其中(a)$5N=16+1\leqslant n\leqslant N/2-2^{s-1}$时,$B_0=\bigcup_{t=0}^{s-2}A_t$,每个$B_i(i\geqslant 1)$由$\{A_{s-1},\cdots,A_{q-1}\}$的连续$2^{s-1}$列组成;(b) $N/2-2^{s-1}+1\leqslant n\leqslant N-1$时,$B_0=\bigcup_{t=0}^{s-1}A_t$,每个$B_i(i\geqslant 1)$由$\{A_s,\cdots,A_{q-1}\}$的连续$2^s$列组成。对于情形(a),任意$B_i(i\geqslant 1)$是划分$D_{s-1}$中的一个集合,$B_0$包含于划分$D_{s-1}$的某个集合之中。因此,两阶交互效应$\alpha_1\alpha_2$,$\alpha_1,\alpha_2\in B_i$属于1到$s-1$类,两阶交互效应$\alpha_1\alpha_2$,$\alpha_1,\alpha_2\in B_i$属于$s$以上。对于情形(b),任意$B_i(i\geqslant 1)$是划分$D_s$中的一个集合,$B_0$包含于划分$D_s$的一个集合之中。因此,两阶交互效应$\alpha_1\alpha_2$,$\alpha_1,\alpha_2\in B_i$属于1到$s$类,两阶交互效应$\alpha_1\alpha_2$,$\alpha_1\in B_i$,$\alpha_2\in B_j$,$i\neq j$,属于$s+1$类以上。结合引理3.3.1,我们可以得出如下推论。

推论 3.5.1 若$D=(D_t,D_b)$为一个B^1-GMC $2^{n-m}:2^s$设计,且D_t具

有上述情况(a)和(b)的分解,即 $D_t=\{B_0,B_1,\cdots\}$,则:任意两阶交互效应 $\alpha_1\alpha_2,\alpha_1,\alpha_2\in B_i$,与区组效应别名;任意两阶交互效应 $\alpha_1\alpha_2,\alpha_1\in B_i,\alpha_2\in B_j$,$i\neq j$,不与区组效应别名。

现在,结合定理 3.4.1 中 $A_i(i=0,\cdots,q-1)$ 的 B-F-AENP 序和引理 3.5.1 的结论,我们可以给出针对情形(2)在 D_t 中选取最好的 q 个独立列的方法。简单起见,分两种情况说明:(a)$N/2<n\leqslant N-1$ 和 (b)$5N/16+1\leqslant n\leqslant N/2$。

考查情况(a),A'_is 基于 B-F-AENP 的排序为 $\{A_{q-1},\cdots,A_{r+1},A_0,\cdots,A_r\}$。由于任意 $\gamma\in A_i$ 具有相同的 B-F-AENP,这也是 D_t 中的列的 B-F-AENP 序。进一步,通过分解 $D_t=\{B_0,B_1\cdots\}$,D_t 中的列的 B-F-AENP 序 $\{A_{q-1},\cdots,A_{r+1},A_0,\cdots,A_r\}$ 与 $\{B_{[n/2']},\cdots,B_{\sum_{i=s}^{r-1}j,2^{r-i}+1},B_0,\cdots,B_{\sum_{i=s}^{r-1}j,2^{r-i}}\}$ 相同。于是,一个好的策略是依次选取排序后的 $B_i's$ 中的独立列,每个 B_i 中至多选一列。如果选不满 q 个独立列,那么我们从后往前以同样的方式再进行一轮筛选,直到选出 q 个独立列为止。

对于情况(b),只需将集合序列 $\{B_{[n-2']},\cdots,B_{\sum_{i=s}^{r-1}j,2^{r-i}+1},B_0,\cdots,B_{\sum_{i=s}^{r-1}j,2^{r-i}}\}$ 调整为 $\{B_0,B_1,\cdots\}$,选列的策略与上述讨论的类似。

为了方便应用,我们针对常见的 16-run,32-run 和 64-run B^1-GMC $2^{n-m}:2^s$ 设计给出 B-F-AENP 的排序以及依次最优的 q 个列的信息,详见表 A.1、表 A.2 和表 A.3。简洁起见,选定设计的列记为其在 H_q 中出现的序号,我们用分号";"来强调 D_t 的分解。由于这些 B^1-GMC 设计中 D_b 的具体形式参见第 3.3 节,故而表格中省略了这部分信息。此外,关于 $s=n-m-1$ 的情形表格也没有考虑,是因为对于一个 B^1-GMC $2^{n-m}:2^{n-m-1}$ 设计,其中的任意 2fi 都和区组效应别名,依次最优的独立列与不分区组的 GMC 2^{n-m} 设计的结果相同,详见 Zhou,Balakrishnan 和 Zhang[71]。

最后,我们用一个例子阐述表 A.1,表 A.2 和表 A.3 的应用。

例 3.5.1 假定在一个具有 32-run、20 个因子、分为 2^3 个区组的两水平试验中,试验者只关心其中的 5 个重要因子。这 5 个重要因子依次为 F_1,F_2,F_3,F_4 为 F_5,即 F_1 最重要,其余次之。试验者希望可以逐步地使得涉及 $\{F_1\},\{F_1,\cdots,F_j\}$,$j=2,\cdots,5$,的主效应和两阶交互效应的估计达到最优化。特别的,对于 F_1 需考虑涉及 F_1 的所有 2fi's。此时,试验者可选定表 A.3 中 B^1-GMC $2^{20-15}:2^3$ 设计 D(详见例 3.3.4),将 5 个重要因子依次安排到 D_t 的 $\{16,24,12,14,15\}$ 列上,即设计列 $\{5,45,34,234,1234\}$。这样的因子安排将保证涉及这 5 个因子的主效应和两阶交互效应可以按照上述的顺序依次地最优地被估计出来。

其余的因子安排都不可能更好了。例如,若将 5 个因子安排到列 $\{5,15,25,35,45\}$ 上会导致由 $\{F_1,F_2,F_3,F_4\}$ 生成的所有 2fi's 都与区组效应别名,因为 $D_b=H_3$。这显然比上面的因子安排更差。

3.6 小　结

本章主要介绍了具有区组设计中的因子安排问题。首先,我们提出了针对区组设计的 B-F-AENP 准则,该准则给出了衡量设计列的好与坏的数量结果,记作 $^{\#B}C(D,\gamma)$。通过依次比较 $^{\#B}C(D,\gamma)$ 的各个分量的方法可以对设计列 $\gamma\in D_t$ 进行排序。接着,试验者就可以依据先验已知的因子的重要性排序将试验因子安排到具有 B-F-AENP 序的设计列上。

B-F-AENP 准则广泛地适用于各类型的区组设计,对于区组设计中涉及因子安排的实际问题具有指导意义。特别地,B^1-GMC 设计的特殊结构使得我们可以推导出针对这类设计的较为系统的理论结果。在本章第三至五节,我们给出了 B^1-GMC 设计中 B-F-AENP 的计算结果、设计列的 B-

F-AENP 序和因子安排的具体应用。这里的推导方法对于其他类型的区组设计不失为一种参考，围绕 B-F-AENP 准则的拓展也可以作为接续工作的一部分内容。

第四章

构造具有纯净的特定效应的折中设计

实际情况中,由于试验材料和时间成本的限制,试验者可以进行的试验次数往往是有限的。此时,试验者希望通过尽可能少的次数的试验获得需要的信息以完成试验目标。当然,有限次数的试验的估计能力也被约束,所以试验者需要找到合适的设计来估计其首要关心的信息。一类常见的情况是试验者只关心对于少数特定因子的估计,符合此目标的设计被称为折中设计(compromise plan, Addelman[2])。我们的工作主要研究了四类折中设计,分别对应特定效应集 $\{G_1, G_1 \times G_1\}$、$\{G_1, G_1 \times G_1, G_2 \times G_2\}$、$\{G_1, G_1 \times G_1, G_1 \times G_2\}$ 和 $\{G_1, G_1 \times G_2\}$。我们将具有纯净的特定效应的设计计称作纯净折中设计,此类设计的分辨度为Ⅲ或Ⅳ,它们保证了对这些特定效应的不相关估计。本章主要围绕这四类纯净折中设计给出一些理论和构造结果。

4.1 研究背景

试验是人类探索和认知世界的有力工具,被广泛地应用到科学的各个领域之中。试验设计作为引导试验的专门学科和技术,在近几十年里迅速地发展。其中,因析设计致力于研究具有多个因子的试验,并且在多种设计的研究中起到了基础的作用。针对不同的试验,试验者有不同的目标。特别地,实际中很多试验者可能只关心少数特定的因子效应的估计,而非全部效应。为实施这类试验、达到试验目的,试验者需要一类可以最好地估计特定的因子效应的特殊设计。我们称之为折中设计,该设计由 Addelman[2]首次提出。

Addelman[2]研究了三类折中设计,它们允许对全部主效应和部分特定的两因子交互效应的不相关估计。Sun[38]考虑了第四类折中设计。第一至四类折中设计的区别在于不同的待估特定两因子交互效应的集合，分别表示为：

$$(1)\{G_1 \times G_1\}, (2)\{G_1 \times G_1, G_2 \times G_2\}, (3)\{G_1 \times G_1, G_1 \times G_2\}, (4)\{G_1 \times G_2\}. \tag{4.1}$$

其中，$\{G_1;G_2\}$ 表示正规 2^{n-m} 设计的 n 个因子的一种划分，$G_i \times G_j, i,j=1,2$，为 G_i 的一个因子和 G_j 的一个因子生成的两因子交互效应的集合。Ke, Tang 和 Wu[29]重新考虑了分辨度为 IV 的具有纯净两因子交互效应的第一至四类折中设计，称作纯净折中设计（clear compromise plan），同时研究了纯净折中设计的存在性和特征。Zhao 和 Zhang[68]将折中设计的研究延伸至混水平设计 $4^m 2^n$ 的情形。

以往研究中，折中设计都是分辨度 IV 的两水平正规部分因析设计，这意味着所有因子的主效应可以被纯净的估计出来。然而，如果实际情况只要求试验者准确地估计部分特定的因子效应，分辨度 IV 的约束就不需要了，因为它们可以忽略对于其他因子效应估计的好与坏，换句话说，特定的因子效应之外的那些主效应不需要是纯净的。因此，在筛选最优折中设计时，分辨度 IV 不是一个必要条件。另一方面，试验因子固定时，分辨度为 III 的设计通常需要比分辨度为 IV 的设计包含更少的试验次数。因此，兼顾设计有效且经济的特性，分辨度为 III 的设计也不失为一个好的选择。于是，为寻找最优折中设计 Ye, Wang and Zhang[59]（在投文章）将备选设计的范围扩展为分辨度 III 和分辨度 IV 的设计。文章提出了新的折中设计的四种分类：

$$\begin{aligned}&(1)\{G_1, G_1 \times G_1\}, (2)\{G_1, G_1 \times G_1, G_2 \times G_2\},\\ &(3)\{G_1, G_1 \times G_1, G_1 \times G_2\}, (4)\{G_1, G_1 \times G_2\}.\end{aligned} \tag{4.2}$$

其中 G_1 和 $G_i \times G_j, i,j=1,2$，表示特定的主效应、特定的两阶交互效应的集合。虽然 G_2 中的因子未被 $\{G_1, G_1 \times G_1\}$ 包含，关于 G_2 所含的因子也影响着对于特定效应估计的准确性,其余三类情况相同。所以,需要同时考虑 G_1 和 G_2 中因子的分布。为避免混淆,我们将带有划分 $\{G_1;G_2\}$ 的折中设计 T 记为 $T=\{G_1;G_2\}$。若折中设计 T 使得(4.2)中第几类特定的因子效应是纯净的,则称之为第几类纯净折中设计(clear compromise design)。与此同时,Ye,Wang and Zhang[59]提出了新的度量工具,称作部分混杂效应个数型(partial aliased effect number pattern),以评定折中设计的好坏。文章给出的理论结果主要针对第一类折中设计,包括第一类纯净折中设计。

为避免混淆,我们用 CCD 表示分辨度为 III 或 IV 的纯净折中设计(clear compromise designs),用 CCP 表示由 Ke,Tang 和 Wu[29] 提出的分辨度为 IV 的纯净折中设计(clear compromise plans)。

这里,我们将纯净折中设计的研究拓展到全部四类 CCD,着重研究第一到第四类 CCD 的存在性和特征。虽然第一类 CCD 也被考虑进来,但是我们将从不同的角度给出理论结果。本章的安排如下:第二节主要讨论了四类 CCD 的存在性,第三、四节分别讨论参数满足 $2^{q-2}+1 \leqslant n \leqslant 2^{q-1}$ 和 $M(q)+1 \leqslant n \leqslant 2^{q-2}+1$ 时 CCD 的构造。

4.2 四类 CCD 的存在性

本节中,我们将研究四类 CCD 的存在性。首先,当只研究分辨度为 IV 的折中设计时,Ke,Tang 和 Wu[29] 证明了第二类 CCP 不存在。这里,我们可以证明对于分辨度为 III 和 IV 的折中设计,第二类 CCD 也不存在。以下定理论证了这一点。

定理 4.2.1 第二类 CCD 不存在。

证明：对于分辨度为 Ⅲ 的设计，只可能存在以下四种类型的长度为 3 的定义字：$G_1 \times G_1 \times G_1$、$G_1 \times G_1 \times G_2$、$G_1 \times G_2 \times G_2$ 和 $G_2 \times G_2 \times G_2$。其中任意一种类型都会导致 $G_1 \times G_1$ 或者 $G_2 \times G_2$ 中的非纯净的两阶交互效应。根据第二类 CCD 的定义，可知分辨度为 Ⅲ 的设计不可能是第二类 CCD。

对于分辨度为 Ⅳ 的设计，Ke，Tang 和 Wu[29] 的引理 1 已经证明。

Chen 和 Hedayat[12] 证明了，当 $n > 2^{q-1}(q=n-m)$ 时，不存在含有纯净的两阶交互效应的 2^{n-m} 设计。所以 CCD 的存在性的问题只需要考虑参数 $M(q)+1 \leqslant n \leqslant 2^{q-1}$ 的情形。我们先来考虑 $2^{q-2}+2 \leqslant n \leqslant 2^{q-1}$ 的情况。该情况下，Chen 和 Hedayat[12] 证明了分辨度为 Ⅳ 的 2^{n-m} 设计没有纯净两阶交互效应，所以该参数范围内的任意 CCD 具有分辨度 Ⅲ。接下来的定理和引理说明了 $2^{q-2}+2 \leqslant n \leqslant 2^{q-1}$ 时 CCD 的存在性问题。

定理 4.2.2 当 $2^{q-2}+2 \leqslant n \leqslant 2^{q-1}$，$n_1=2$ 时，第一、三、四类 CCD 不存在。

证明：反证法。假设 $T=\{G_1;G_2\}=\{\alpha_1,\alpha_2;\beta_1,\cdots,\beta_{n-2}\}$ 为第一、三或四类 CCD，且满足 $2^{q-2}+2 \leqslant n \leqslant 2^{q-1}$。

首先，我们证明 $\alpha_1\alpha_2$ 是纯净的。根据定义，如果 T 是第一类或第三类 CCD，结论显然成立。接下来，只需证明当 T 为第四类 CCD 时，$\alpha_1\alpha_2$ 是纯净的。如若不然，则有 $\alpha_1\alpha_2=\beta_i$ 或者 $\alpha_1\alpha_2=\beta_i\beta_j$，$i \neq j$，这两种别名关系都会导致 $G_1 \times G_2$ 中某些两阶交互效应不纯净。因此，两者均不成立，故 $\alpha_1\alpha_2$ 是纯净的。

基于 $\alpha_1,\alpha_2,\alpha_1\alpha_2$ 都纯净的事实，有 $\{\alpha_1\alpha_2,\alpha_1\beta_i,\alpha_2\beta_i,\alpha_1\alpha_2\beta_i,1 \leqslant i \leqslant n-2\} \subseteq \overline{T}$，其中 $\overline{T}=H_q \backslash T$ 为设计 T 的补设计。由于只考虑分辨度为 Ⅲ 和 Ⅳ 的设计，这些列两两不同。因此，共有 $3n-5$ 个不同的列包含于 $\overline{T}$。于是，$3n-5 \leqslant 2^q-n-1$，等价于 $n \leqslant 2^{q-2}+1$，产生矛盾。

事实上，对于任意第一类（或第三类）CCD，转移 G_1 中的列到 G_2 中得到的仍然为第一类(或第三类)CCD。那么,结合定理 4.2.2 我们可以得到以下推论。

推论 4.2.1 当 $2^{q-2}+2 \leqslant n \leqslant 2^{q-1}, n_1 > 2$ 时,第一类和第三类 CCD 不存在。

另一方面,对于任意第四类 CCD,我们可以通过删掉 G_1 中的列得到新的第四类 CCD。那么,根据定理 4.2.2,若 $2^{q-2}+2 \leqslant n \leqslant 2^{q-1}$,且 $n_1 = 3$,则第四类 CCD 不存在;若 $2^{q-2}+4 \leqslant n \leqslant 2^{q-1}$,且 $n_1 = 4$,则第四类 CCD 不存在;以此类推。更进一步,我们可以得到下面的推论。

推论 4.2.2 当 $2^{q-2}+2 \leqslant n \leqslant 2^{q-1} (q \geqslant 4)$,并且 $2 < n_1 \leqslant n/2$ 时,第四类 CCD 不存在。

证明:反证法。假设 $T = \{G_1; G_2\} = \{\alpha_1, \cdots, \alpha_{n_1}; \beta_1, \cdots, \beta_{n-n_1}\}$ 是第四类 CCD,其中 $2^{q-2}+2 \leqslant n \leqslant 2^{q-1}; 2 < n_1 \leqslant n/2$。

首先,考虑 $n_1 = 3$ 的情况。由于 $\{G_1, G_1 \times G_2\}$ 是纯净的,这意味着 $\{\alpha_1\alpha_2, \alpha_1\alpha_3, \alpha_2\alpha_3, \alpha_1\alpha_2\beta_j, \alpha_1\alpha_3\beta_j, \alpha_2\alpha_3\beta_j, j = 1, \cdots, n-3\}$ 中的列两两不同,且分别与 $\overline{T}$ 中的不同列别名。另一方面,根据定义 $\overline{T}$ 中共有 $2^q - 1 - n$ 个元素。于是有 $3 + 3(n-3) \leqslant 2^q - 1 - n$,即 $n \leqslant 2^{q-2} + 1$,产生矛盾。

其次,我们考虑 $4 \leqslant n_1 < n/2$ 的情形。同样地,根据第四类 CCD 的定义,可知 $G_1 \times G_2$ 中的列两两不同并且与 $\overline{T}$ 中的不同的列别名。那么有 $n_1(n-n_1) \leqslant 2^q - 1 - n$,即 $n \leqslant 2^q/(n_1+1) + n_1 - 1$。如果 $2^{q-2}+2 < n \leqslant 2^{q-1}$,则 $4 \leqslant n_1 \leqslant 2^{q-2}$。该范围内,$2^q/(n_1+1) + n_1 - 1$ 的最大值,$\max\{2^q/(n_1+1) + n_1 - 1\} \leqslant \max\{2^q/5 + 3, 2^q = (2^{q-2}+1) + 2^{q-2} - 1\} < 2^{q-2} + 3$,其中 $q \geqslant 4$。于是,$n \leqslant 2^{q-2}+2$,产生矛盾。另一方面,如果 $n = 2^{q-2}+2$,则 $4 \leqslant n_1 \leqslant 2^{q-3}+1, q \geqslant 5$。该范围内,有 $\max\{2^q/(n_1+1) + n_1 - 1\} \leqslant \max\{2^q/5 + 3, 2^q/(2^{q-3}+2) + 2^{q-3}+1\} < 2^{q-2}+2$。亦有 $n \leqslant 2^{q-2}+1$,产生矛盾。

定理证毕。

4.3 当 $2^{q-2}+1 \leqslant n \leqslant 2^{q-1}$ 时 CCD 的构造

本节,我们将给出参数范围 $2^{q-2}+1 \leqslant n \leqslant 2^{q-1}$ 内第一、三、四类 CCD 的构造方法,分为两种情况进行讨论,即: $2^{q-2}+2 \leqslant n \leqslant 2^{q-1}$ 和 $n=2^{q-2}+1$ 。值得注意的是,部分参数下,例如 $n_1=1$,这三类折中设计是相同的,此时只需研究第三类 CCD 的构造,根据定义它也是第一、四类 CCD。

首先,考虑参数 $2^{q-2}+2 \leqslant n \leqslant 2^{q-1}$ 的情况。根据上一节的讨论结果,只需构造参数 $n_1=1$ 的第一、三、四类 CCD。这样的 CCD 可以通过对以下定理中构造的设计 T 内从 $\overline{H}_1$ 部分删除 $2^{q-1}-n$ 列得到。

定理 4.3.1 $2^{2^{q-1}-(2^{q-1}-q)}$ 设计 $T=\{\mathbf{1};\overline{H}_1\}$ 为第三类 CCD。

定理易证,过程省略。

结合定理 4.2.2、4.3.1,引理 4.2.1、4.2.2,可以得到参数 $2^{q-2}+2 \leqslant n \leqslant 2^{q-1}(q \geqslant 4)$ 时 CCD 中 n_1 的上确界,记为 $\max(n_1)$。此外,容易证明 $T=\{H_{q-1};\mathbf{q}\}$ 为第四类 CCD,该设计可以帮助证明第四类 CCD 中 n_1 的上确界。

推论 4.3.1 (ⅰ)对于第一、三类 CCD,若 $2^{q-2}+2 \leqslant n \leqslant 2^{q-1}(q \geqslant 4)$,则 $\max(n_1)=1$。

(ⅱ)对于第四类 CCD,若 $2^{q-2}+2 \leqslant n \leqslant 2^{q-1}(q \geqslant 4)$,则 $\max(n_1)=n-1$。

接下来,考虑 $n=2^{q-2}+1$ 的情况。我们将构造 $2^{2^{q-2}+1-(2^{q-2}+1-q)}$ 设计 T 为第一、三、四类 CCD,具体如下。

定理 4.3.2 (ⅰ)分辨度为Ⅲ的 $2^{2^{q-2}+1-(2^{q-2}+1-q)}$ 设计 $T=\{\mathbf{1},\mathbf{2},\overline{H}_2\}$ 和分辨度为Ⅳ的设计 $T'=\{\mathbf{1},\mathbf{2};12 \cdot \overline{H}_2\}$ 是第三类 CCD。

（ⅱ）分辨度为Ⅳ的 $2^{2^{q-2}+1-(2^{q-2}+1-q)}$ 设计 $T=\{\mathbf{1},\mathbf{2};\mathbf{1}\cdot\overline{H}_2\}$ 是第一类 CCD。

（ⅲ）分辨度为Ⅲ的 $2^{2^{q-2}+1-(2^{q-2}+1-q)}$ 设计 $T=\{\mathbf{1},\mathbf{2},\mathbf{3};\{I,\mathbf{123}\}\cdot\overline{H}_3\}$ 是第三类 CCD。

（ⅳ）分辨度为Ⅳ的 $2^{2^{q-2}+1-(2^{q-2}+1-q)}$ 设计 $T=\{\mathbf{1},\mathbf{2},\mathbf{3};\{\mathbf{1},\mathbf{23}\}\cdot\overline{H}_3\}$ 是第一类 CCD。

（ⅴ）分辨度为Ⅳ的 $2^{2^{q-2}+1-(2^{q-2}+1-q)}$ 设计 $T=\{\mathbf{1},\mathbf{12}\cdot H_2;\mathbf{2}\}$ 是第四类 CCD。

容易验证，定理 4.3.2 中的设计均为 CCDs，证明过程省略。

基于定理 4.3.2 结论（ⅴ），我们可以推出对于参数 $n=2^{q-2}+1$ 的第四类 CCD，有 $\max(n_1)=2^{q-2}$。另一方面，利用定理 4.3.2 结论（ⅲ），可证对于参数 $n=2^{q-2}+1$ 的第一类或第三类 CCD 有 $\max(n_1)=3$。

推论 4.3.2 对于第一类或第三类 CCD，若 $n=2^{q-2}+1, q\geqslant 5$，则 $\max(n_1)=3$。

证明：由定义可知，G_1 和 $G_1\times G_1$ 中的效应都是纯净的，所以 $G_1\times G_1$ 和 $G_1\times G_2$ 中的列互不相同，且与 T 中的不同列相互别名。于是，我们有 $\binom{n_1}{2}+n_1(2^{q-2}+1-n_1)\leqslant 2^q-1(2^{q-2}+1)$，等价于 $(n_1-3)\leqslant 2/(2^{q-1}-n_1-2)$。然而，$n_1\leqslant 2^{q-2}+1, q\geqslant 5$，即 $2/(2^{q-1}-n_1-2)<1$，得到 $n_1\leqslant 3$。另一方面，定理 4.3.2 的（ⅲ）给出的设计 T 显示等号成立。故 $\max(n_1)=3$。

参数满足 $M(q)+1\leqslant n<2^{q-2}+1, n_1\leqslant 3$ 的第一、三类 CCD，以及 $n_1\leqslant 2^{q-2}$ 的第四类 CCD 可以通过定理 3.4.1 给出的设计的投影设计构造出来。我们利用下面的例子来说明该方法。

例 4.3.1 对于定理 4.3.2 结论（ⅰ）给出的设计 T'，删除 $\mathbf{12}\cdot\overline{H}_2$ 中的任意两列得到的 2^{15-9} 设计是一个第三类 CCD。例如，设计 $\{\mathbf{1},\mathbf{2};\mathbf{12}\cdot$

$\{3,4,34,5,345,6,36,46,346,56,356,456,3456\}\}$。若将列 $1,2,3,4,5,6$ 重新记号为 $6,2456,1245,45,2345,25$,它将同构于 Wu 和 Hamada[48] 表 4A.5 给出 MaxC2 2_N^{15-9} 设计,其中 $7=123, 8=124, 9=134, t_0=234, t_1=125, t_2=135, t_3=235, t_4=145, t_5=2456$。所以,$T'$ 是一个具有 27 个纯净两阶交互效应的 MaxC2 设计。

4.4　当 $M(q)+1 \leqslant n \leqslant 2^{q-2}+1$ 构造第三类 CCD

由于第三类 CCD 同时也是第一、四类 CCD,所以我们直接给出了一种用于构造具有一般 n_1 的第三类 CCD 的方法。

本节分两种情况给出了第三类 CCD 的构造结果:(Ⅰ)G_1 由 $n_1(\leqslant q)$ 个独立列组成,及(Ⅱ)G_1 由 $q_1(<n_1)$ 个独立列和 n_1-q_1 个生成列组成。注,对于情形(Ⅱ),我们假定 G_1 中有 $q_1(<n_1)$ 个独立列,其余 n_1-q_1 个生成列由这 q_1 个独立列的部分生成。这 n_1-q_1 生成列中的每一个都对应着一个定义关系。于是,G_1 可视作一个较小的 $2^{n_1-(n_1-q_1)}$ 分辨度为大于等于 Ⅴ 的设计,即得 $q_1<n_1 \leqslant M(q_1)$。

4.4.1　情形(Ⅰ):G_1 由 $n_1(\leqslant q)$ 个独立列组成

不失一般性,我们记 $G_1=\{1,2,\cdots,n_1\}$,其中 $1,2,\cdots,n_1$ 为 H_q 中的独立列。为了方便构造,我们先介绍以下引理。需要指出一点,引理中满足指定条件的最大子集表示满足该条件的所有子集中具有最大容量(容量指包含元素个数)的子集。

引理 4.4.1　设 A_f 为 $\{I, H_f\}$ 中满足由 A_f 产生的两阶交互效应不与 $\{1, 2,\cdots,f,12,\cdots,(f-1)f\}$ 中的任意一列相互别名的最大子集。那么,(i)A_f 是

一个闭子集，(ii) A_f 的容量为 $2^{f-\lceil \log_2(f+1) \rceil}$。

证明. 我们利用基于 f 的递归方法证明（Ⅰ）。当 $f=1$ 时，显然有 $A_1 = \{I\}$，满足条件（ⅰ）和（ⅱ）。假定 $f=t$ 时结论成立，下面考虑 A_{t+1}。

如果不存在 $\beta \in H_{t+1} \backslash H_t$，使得 $\beta \cdot A_t$ 中的所有列都是由三个或更多的定义列生成，则有 $A_{t+1} = A_t$。否则，存在某个 $\beta \in H_{t+1} \backslash H_t$，使得 $A_t \cup \beta \cdot A_t \subseteq A_{t+1}$。注意 $A_t \cap \beta \cdot A_t = \emptyset$，因为若该式不成立，必存在 $\alpha_1, \alpha_2 \in A_t$ 使得 $\alpha_1 = \beta \alpha_2$，即 $\beta = \alpha_1 \alpha_2 \in A_t$，产生矛盾。进一步，位于 $H_{t+1} \backslash H_t$ 中的 $\beta \cdot A_t$ 与 A_t 同构，所以除了 $\beta \cdot A_t$ 之外没有多余列可以添加到 A_{t+1}，即有 $A_t \cup \beta \cdot A_t = A_{t+1}$。结合两种情况，$A_{t+1}$ 也是一个闭子集，结论（ⅰ）得证。

为证明结论（ⅱ），我们用 f-tuple 表示 A_f 中的列，方法如下：对应列的生成列中包含定义列 i 时 f-tuple 的第 i 个分量为 1，否则为 0。设闭子集 A_f 中有 2^{a_f} 个列。那么就有 $2^{a_f} - 1$ 非零二元 f-tuples，可以将它们看成是分辨度为 Ⅲ 的 2^{f-a_f} 设计的定义字 (defining pencils)。根据分辨度为 Ⅲ 的 2^{f-a_f} 设计存在的必要条件，可知对于 a_f 的唯一约束为 $f \leqslant 2^{f-a_f} - 1$，并且当选定 2^{f-a_f} 设计为分辨度 Ⅲ 的饱和设计时，等号成立。于是，有 $a_f \leqslant \lceil \log_2(f+1) \rceil$，其中 $\lceil \log_2(f+1) \rceil$ 表示不小于 $\log_2(f+1)$ 的最大整数。故 A_f 的容量为 $2^{f-\lceil \log_2(f+1) \rceil}$，结论（ⅱ）得证。

综上，定理得证。

推论 4.4.1 给出了一种构造 A_f 的方法，该方法将会用于构造 CCD。为方便表述，我们将 $\{1, 2, \cdots, f\}$ 重新标记为 $\{\alpha_1, \alpha_2, \cdots, \alpha_f\}$。

推论 4.4.1 设 A_f^* 是由 $\{\alpha_{2^{i_0}} \alpha_{2^{i_1}} \cdots \alpha_{2^{i_s}} \alpha_{\sum_{t=0}^s 2^{i_t}}; \sum_{t=0}^s 2^{i_t} \leqslant f, 1 \leqslant s \leqslant \lceil \log_2(f+1) \rceil - 1, 0 \leqslant i_0 < \cdots < i_s \leqslant \lceil \log_2(f+1) \rceil - 1\}$ 生成的闭子集。那么 A_f^* 包含 $2^{f-\lceil \log_2(f+1) \rceil}$ 列且满足引理 4.4.1 的性质（ⅰ）和（ⅱ）。

以 $f=6$ 为例，此时 $\lceil \log_2(f+1) \rceil - 1 = 2$。根据推论 4.4.1，有 $1 \leqslant s \leqslant 2$，$0 \leqslant i_0 \leqslant i_1 \leqslant 2$，$2^{i_0} + 2^{i_1} \leqslant 6$。这三个约束条件包含三种可能情况：$i_0 = 0, i_1 = 1$；

$i_0=0, i_1=2$；以及 $i_0=1, i_1=2$。相应地，我们得到 $\alpha_{2^1}\alpha_{2^1}\alpha_{2^0+2^1}=\alpha_1\alpha_2\alpha_3=\mathbf{123}$，$\alpha_{2^0}\alpha_{2^2}\alpha_{2^0+2^2}=\alpha_1\alpha_4\alpha_5=\mathbf{145}$，以及 $\alpha_{2^1}\alpha_{2^2}\alpha_{2^1+2^2}=\alpha_2\alpha_4\alpha_6=\mathbf{246}$。故，推论 4.4.1 给出了由 $\{\mathbf{123}, \mathbf{145}, \mathbf{246}\}$ 生成的闭子集，即 $\{\mathbf{I}, \mathbf{123}, \mathbf{145}, \mathbf{2345}, \mathbf{246}, \mathbf{1346}, \mathbf{1256}, \mathbf{356}\}$。通过简单的推导容易验证该集合是满足由其生成的两阶交互效应不与 $\{1, 2, \cdots, 6, 12, \cdots, 56\}$ 中任意一列相互别名的 $\{\mathbf{I}, H_6\}$ 中的最大子集。

引理 4.4.2 设 B_f 为 H_f 的子集，满足(i)$\{\mathbf{I}, B_f\}$ 为一个闭子集，(ii)B_f 中的任意一列由 4 个或多于 4 个定义列生成。那么，B_f 的最大容量为 $2^{f-\lceil \log_2 f \rceil -1}-1$。

引理 4.4.2 可利用与引理 4.4.1 类似的方法证明。另外，包含 $2^{f-\lceil \log_2 f \rceil -1}-1$ 列的 B_f 也是可以得到的，因为 B_f 中的列对应着一个分辨度为 IV 的 $2^{f-\lceil \log_2 f \rceil -1}$ 设计的定义字。

结合引理 4.4.1 和引理 4.4.2 给出的 A_{n_1} 和 B_{n_1}，我们可以构造第三类 CCD。构造结果分两种情形：$n_1 < q$ 和 $n_1 = q$，分别对应定理 4.4.1 和定理 4.4.2。

定理 4.4.1 对于 $G_1 = \{1, 2, \cdots, n_1\}$，$n_1 < q$，令 $G_2 = B_{n_1} \cup (\bigcup_{0 \in A_{n_1}} \alpha \cdot \overline{H}_{n_1})$。若 $A_{n_1} \times B_{n_1}$ 中的两阶交互效应不与 $\{1, 2, \cdots, n_1\}$ 中的任意列相别名，则 $T = \{G_1; G_2\}$ 是第三类 CCD。

证明： 我们证明 $G_1 \times G_1$ 中的两阶交互效应是纯净的，具体如下：

显然，$G_1 \times G_1$ 中的两阶交互效应不与 G_1 和 G_2 中的主效应别名。所以只需证明 $G_1 \times G_1$ 中的两阶交互效应不与 $G_2 \times G_2$ 和 $G_1 \times G_2$ 中的两阶交互效应别名即可。

首先，$G_2 \times G_2$ 中共有 5 种类型的两阶交互效应：$\beta \times \beta'$，$\beta \times \alpha\gamma$，$\alpha\gamma \times \alpha\gamma'$，$\alpha\gamma \times \alpha'\gamma$ 和 $\alpha\gamma \times \alpha'\gamma'$，其中 $\alpha, \alpha' \in A_{n_1}$，$\beta, \beta' \in B_{n_1}$，$\gamma, \gamma' \in \overline{H}_{n_1}$。它们中只有两种：$\beta \times \beta'$ 和 $\alpha\gamma \times \alpha'\gamma$ 与 H_{n_1} 中的列别名。然而，根据 A_{n_1} 和 B_{n_1} 结构，$\beta \times \beta'$ 和 $\alpha \times \alpha'$ 都不可能与 $G_1 \times G_1$ 中的列别名。因此，$G_1 \times G_1$ 中的两阶交互效应

不与 $G_2 \times G_2$ 中的两阶交互效应别名。

接下来，要证 $G_1 \times G_1$ 中的两阶交互效应不与 $G_1 \times G_2$ 中的两阶交互效应别名，只需证 $G_2 = B_{n_1} \bigcup (\bigcup_{\alpha \in A_{n_1}} \alpha \cdot \overline{H}_{n_1})$ 中的列不与 $G_1 \times G_1 \times G_1$ 中的列别名。显然，$\bigcup_{\alpha \in A_{n_1}} \alpha \cdot \overline{H}_{n_1} \subset H_q \setminus H_{n_1-1}$ 中的任一列符合该结果。此外，B_{n_1} 中的列至少涉及四个定义列，它们不与 $G_1 \times G_1 \times G_1$ 中的列别名。所以，G_2 中的列不与 $G_1 \times G_1 \times G_1$ 中的列别名。

综上，已证明 $G_1 \times G_1$ 中的两阶交互效应是纯净的。运用同样的方法，可以证明 G_1 中的主效应及 $G_1 \times G_2$ 中的两阶交互效应是纯净的。故，设计 T 是第三类 CCD。

以 $q=6$ 为例，由定理 4.4.1 可以直接构造一些参数 $n_1 < 6$ 的第三类 CCDs，如表 4.4.1 所示。

表 4.4.1　部分 64-run 的第三类 CCDs

n	32	17	17	11	10
n_1	1	2	3	4	5
G_1	{1}	{1,2}	{1,2,3}	{1,2,3,4}	{1,2,3,4,5}
G_2	$\overline{H}_1$	$\overline{H}_2$	$\{I,123\}\cdot\overline{H}_3$	$\{I,123\}\cdot\overline{H}_4$	$\{2345,\{I,123,145,2345\}\cdot\overline{H}_5\}$

定理 4.4.2　对于 $G_1 = \{1, 2, \cdots, q\}$，令 $G_2 = B_q$，则设计 $T = \{G_1; G_2\}$ 为第三类 CCD。

该定理可参考定理 4.4.1 的讨论方法加以证明，故此处不再赘述。这里，我们仅给出一个说明性的例子。对于 $q=6$，同构意义下可选取 $B_6 = \{1234; 3456; 1256\}$，$2^{9-3}$ 设计 $T = \{1,2,3,4,5,6,1234,3456,1256\}$ 是第三类 CCD。

4.4.2　情况(Ⅱ)：G_1 包含 $q_1 (< n_1)$ 独立列和 $n_1 - q_1$ 生成列

当 G_1 包含 $q_1 (< n_1)$ 独立列和 $n_1 - q_1$ 生成列，我们依据定理 4.4.1 给

出的 2^{n-m} 设计 T 来构造 CCD,具体如下。

不失一般性,对于 G_1,不妨设 $\{1,2,\cdots,q_1\}$ 为 q_1 个独立列,$\{\gamma_1,\cdots,\gamma_{n_1-q_1}\}\subset H_{q_1}$ 为 n_1-q_1 个生成列。证明过程显示,定理 4.4.1 中的 2^{n-m} 设计 T 是第三类 CCD 当且仅当 A_{q_1} 生成的两阶交互效应不与 $G_1\times G_1$ 中的两阶交互效应混杂。于是,我们令 $C_0=\{\gamma_1 1,\cdots,\gamma_{n_1-q_1}q_1\}\cup\{\gamma_i\gamma_j,1\leqslant i<j\leqslant n_1-q_1\}$,和 $C_{q_1}=A_{q_1}\setminus(A_{q_1}\cap C_0)$,进一步,令 $G_1=\{1,2,\cdots,q_1,\gamma_1,\cdots,\gamma_{n_1-q_1}\}$,$G_2=\bigcup\limits_{\alpha\in C_{q_1}}\alpha\cdot\overline{H}_{q_1}$,那么 2^{n-m} 设计 $T=\{G_1;G_2\}$ 是第三类 CCD。这种构造方式适用于构造试验次数较多的 CCD。对于实验次数较少的设计,该方法得到的因子个数会相对少一些。下面是介绍该方法的一个例子。

例 4.4.1 对于 $q_1=6,n_1=7,q>6$ 的情形,推论 4.4.1 给出了 $A_6=\{I,123,145,2345,246,1346,1256,356\}$。若取 $\gamma_1=1234$,则有 $C_0=\{123,124,134,234,12345,12346\}$;$C_6=\{I,145,2345,246,1346,1256,356\}$。利用上述方法,可得 $T=\{1,2,3,4,5,6,1234;\{I,145,2345,246,1346,1256,356\}\cdot\overline{H}_6\}$,它是一个第三类 CCD。此外,还有两个第三类 CCDs,分别为:$\gamma_1=12345$ 时,$T=\{1,2,3,4,5,6,12345;\{I,123,145,246,1346,1256,356\}\cdot H_6\}$;以及 $\gamma_1=123456$ 时,$T=\{1,2,3,4,5,6,123456,\{I,123,145,2345,246,1346,1256,356\}\cdot H_6\}$。

4.5 小 结

本章提出了分辨度为Ⅲ或Ⅳ的四类 CCD 的概念,同时研究了各类 CCD 的特性及构造问题。下面,我们将介绍 CCD 与 MaxC2 设计以及 Addelman[1]、Ke,Tang 和 Wu[29] 提出的 CCP(clear compromise plan)的联系。

首先,某些情况下 CCD 即为 MaxC2 设计。例如,定理 4.3.2 中结论

（ⅰ）给出的参数 $n=2^{q-2}+1$ 的设计 T' 就是一个 MaxC2 设计。进一步,通过删除 $\{\mathbf{1},\mathbf{2},\mathbf{12}\cdot\overline{H}_2\}$ 中的 $\mathbf{12}\cdot\overline{H}_2$ 的列得到的 2^{8-3}、2^{14-8}、2^{15-9} 和 2^{16-10} 第一、三、四类 CCD 均为 MaxC2 设计。

其次,如果只考虑分辨度为Ⅳ的情况,基于(4.1.2)的 CCD 与 CCP 相同。由于分辨度为Ⅳ的 CCD 可以按照第三、四小节介绍的方法得到。因此,我们的方法对构造基于(4.1.1)的 CCP 同样适用。然而,对于分辨度为Ⅲ的 CCDs 的来说,相较于 CCP,它们的 G_1 可以包含更多列,并且,它们比 Chen, Sun 和 Wu[13] 列出的设计具有更多的纯净两阶交互效应,参见表 4.5.1 和 4.5.2。

试验次数固定时,如果 n 或者 n_1 很大,CCD 可能不存在。此时,为了很好地估计四类折中设计的特定效应,首先要提出一个更加合理的度量工具用以评定折中设计的好坏,然后利用它来找到最优的折中设计。这部分内容将在接下来的章节介绍。

作为最后的描述,我们列出 32-run 和 64-run 第三类 CCDs,同时也是第一、四类 CCDs,参见表 4.5.1 和 4.5.2。对于表中的每一个设计,所有的纯净两阶交互效应都分布在 $\{G_1\times G_1, G_1\times G_2\}$ 中,我们用 C 表示纯净两阶交互效应的个数。值得注意的是,除了 $2^{7-2.4}$ 之外,其余设计都不在 Chen, Sun 和 Wu[13] 中,但是它们都包含比 Chen, Sun 和 Wu[13] 列出的设计更多的纯净两阶交互效应。基于表 4.5.1 和 4.5.2,很多其他的第一、三、四类 CCDs 可以通过移动 G_1 一列或多列到 G_2 中或者删掉 $G_1\cup G_2$ 中的部分列得到。

表 4.5.1 32-run 的第三类 CCDs

设计	n_1	G_1 中的列	G_2 中的列	C
$2^{7-2.4}$	4	{4,8,16,29}	{1,2,3}	18
2^{9-4}	3	{1,2,4}	{8,15,16,23,24,31}	21
2^{16-11}	1	{1}	{2,4,6,8,10,12,14,16,18,20,22,24,26,28,30}	15

表 4.5.2 64-run 的第三类 CCDs

设计	n_1	G_1 中的列	G_2 中的列	C
2^{9-3}	6	{1,2,4,8,16,32}	{15,51,60}	33
2^{10-4}	5	{1,2,4,8,16}	{30,32,39,57,62}	35
2^{17-11}	3	{1,2,4}	{8,15,16,23,24,31,32,39,40,47,48,55,56,63}	45
2^{32-26}	1	{1}	{2,4,6,8,10,12,14,16,18,20,22,24,26,28,30,32,34,36,38,40,42,44,46,48,50,52,54,56,58,60,62}	31

第五章
最优折中设计的定义与构造

折中设计的提出是针对试验者的一类特殊需要,即对少数特定因子效应估计的准确程度,该设计保证了对特定因子效应的最优估计。依据高阶因子交互效应通常不显著的经验,我们不妨假设试验者关心的特定因子效应只包含主效应和两阶交互效应。对于这类情况,纯净折中设计提供了对特定主效应和两阶交互效应的不相关估计。然而,前一章的研究证明,纯净折中设计并不总是存在的,其存在性很大程度上依赖于参数的选取。例如,$2^{q-2}+2 \leqslant n \leqslant 2^{q-1}$,$n_1 \geqslant 2$ 时,第一和三类 CCD 不存在;$2^{q-2}+2 \leqslant n \leqslant 2^{q-1}$,$2 \leqslant n_1 \leqslant n/2$ 时,第四类 CCD 不存在。那么,当纯净折中设计不存在时,应当如何选择好的折中设计?这正是本章的主要研究内容,本章将给出衡量折中设计好与坏的标准(P-AENP),并依据 P-AENP 给出了最优折中设计(OCD)的定义。

5.1 部分别名效应个数型(P-AENP)

首先,我们给出判定折中设计好与坏的准则,即部分别名效应混杂个数型。我们仍然只考虑两水平正规部分因析设计 2^{n-m},本章所提到的设计均默认为一个 2^{n-m} 设计。

给定 2^{n-m} 设计 T,试验者在该设计的安排之下进行试验。进一步,我们将设计 T 中用来安排特殊因子的列形成的集合记为 G_1,剩余列归入集合 G_2,我们将这种安排因子的方法记为划分 $T=\{G_1,G_2\}$。为保证定义的一般性,我们将试验者所关心的特定因子效应的集合记作 Ω_1,将由 n 个因子生成的全部因子效应的集合记作 Ω。下面,针对划分 $T=\{G_1,G_2\}$,我们给出一个衡量 Ω_1 被其他因子效应混杂的严重程度的标准。

对于设计 $T=\{G_1;G_2\}$,我们用 $_i^{\#}P_j^{(k)}(T,\Omega_1)$ 表示 Ω_1 中被 k 个 Ω 中的

j-fi 混杂的 i-fi 的个数。那么,个数集

$$\{{}_i^\# P_j^{(k)}(T,\Omega_1), i,j=1,2,\cdots,k=0,1,2,\cdots,K_j\} \quad (5.1)$$

描述了特定效应集 Ω_1 被其余因子效应混杂的情况,我们称之为设计 $T=\{G_1;G_2\}$ 相对 Ω_1 的而言的部分混杂效应个数型(partial aliased effect number pattern 或者 P-AENP)。

更进一步,我们记 ${}_i^\# P_j(T,\Omega_1) = ({}_i^\# P_j^{(0)}(T,\Omega_1), {}_i^\# P_j^{(1)}(T,\Omega_1), \cdots,$ ${}_i^\# P_j^{(K_j)}(T,\Omega_1))$,表示 Ω_1 中 i-fi 按照被中的 j-fi 混杂的严重程度从最轻到最重的分布情况。简便起见,记 ${}_i^\# P_j = {}_i^\# P_j(T,\Omega_1)$。根据效应等级原则(EHP),我们将(5.1)中的个数排序为

$$^\# P = ({}_1^\# P_1, {}_2^\# P_1, {}_2^\# P_2, {}_3^\# P_1, {}_3^\# P_2, {}_3^\# P_3, \cdots)。 \quad (5.2)$$

我们也称(5.2)为 $T=\{G_1,G_2\}$ 关于特定效应集 Ω_1 的 P-AENP。

由于我们通常关心分辨度不低于Ⅲ的正规设计,(5.2)式中的 ${}_1^\# P_1$ 可以省略。此外,依据高阶因子交互效应通常不显著的经验,试验者可以假定三阶或三阶以上的因子交互效应可忽略,所以 ${}_2^\# P_2$ 之后的各项同样可以移除。于是,(5.2)式可以简化为

$$^\# P(T,\Omega_1) = ({}_1^\# P_2(T,\Omega_1), {}_2^\# P_1(T,\Omega_1), {}_2^\# P_2(T,\Omega_1)) \quad (5.3)$$

为了方便记号,(5.3)式也被称为设计 $T=\{G_1;G_2\}$ 关于特定因子效应集 Ω_1 的 P-AENP。下面我们将给出,基于 P-AENP 的最优折中设计的定义。

定义 5.1.1 设 $^\# P(T_1;\Omega_1)$ 和 $^\# P(T_2;\Omega_1)$ 为折中设计 T_1 和 T_2 关于特定因子效应集 Ω_1 的 P-AENP's。令 $^\# P_l$ 为 $^\# P$ 的第 l 个分量,l^* 为首个满足 $^\# P_l(T_1;\Omega_1) \neq {}^\# P_l(T_2;\Omega_1)$ 的分量。如果 $^\# P_l(T_1;\Omega_1) > {}^\# P_l(T_2;\Omega_1)$,那么我们称 T_1 优于 T_2。相对于 Ω_1 来说,如果不存在比 T_1 更好的折中设计,那么我们称 T_1 为关于 Ω_1 的最优折中设计(optimal compromise design 或者 OCD)。

显然,最优折中设计依赖于特定因子效应集 Ω_1 的选择,Ω_1 会随着试验者关心的效应而变化。同时仍是基于三阶或者三阶以上交互效应可忽略的假设,我们只研究 Ω_1 仅包含涉及特定因子的主效应和 2fi's 的情形。这里,我们考虑四种特殊的情形:假设有 n_1 个因子被认为是重要的,这些因子所涉及的主效应和 2fi's 需要被估计。此时,特定因子效应集可以为 $\Omega_1 = \{G_1, G_1 \times G_1\}, \{G_1, G_1 \times G_2\}; \{G_1, G_1 \times G_1, G_1 \times G_2\}, \{G_1, G_1 \times G_1, G_2 \times G_2\}$,分别对应四类新的折中设计,我们将对应的 OCD 称作第一、二、三和四类 OCD。

下面,我们用例子说明 P-AENP 的计算与比较。介绍例子之前,我们做一个简单的说明。由于 $^\#P$ 是一个复杂的数列,为了记号方便,对于 $^\#P$ 的每个 $^\#P_j$ 部分,我们省略其中最后一个非零元素之后的所有零元素;并将最后一个非零元素之前连续出现的零元素写成零的幂的形式,次数为零元素的个数。如此简化的 P-AENP 与原 P-AENP 具有一一对应的关系,以后我们都用这种方法来简化 P-AENP 的形式。

例 5.1.1 某项试验具有 6 个两水平因子和 16 试验单元。先验信息已知其中包含两个重要因子,试验者关心他们的主效应和涉及两者或其一的 2fi's。这意味着特定效应的集合 $\Omega_1 = \{G_1, G_1 \times G_1, G_1 \times G_2\}$, $\#\{G_1\} = 2$。

考虑正规设计 $T_1 = \{1, 2, 3, 4, 123, 124\}$ 和 $T_2 = \{1, 2, 3, 4, 12, 134\}$,其中包含主效应或 2fi 的别名集为

$T_1: 12 = 35 = 46; 13 = 25; 14 = 26; 15 = 23; 16 = 24; 34 = 56; 36 = 45,$

$T_2: 1 = 25; 2 = 15; 5 = 12; 13 = 46; 14 = 36; 16 = 34.$

首先,考虑设计 T_1。如果将两个重要因子安排在设计 T_1 的 $\{1, 2\}$ 列,相应的划分记作 $T_1 = \{\mathbf{1}, \mathbf{2}, 3, 4, 123, 124\}$,那么根据 P-AENP 的定义,有 $^\#P(T_1, \Omega_1) = ((2), (9), (0, 8, 1))$。类似地,当取遍对设计 T_1 的所有可

能的划分时,可知 $G_1=\{1,2\},\{3,123\}$ 和 $\{4,134\}$ 对应的三种划分会产生与 $T_1=\{1,2,3,4,123,124\}$ 相同的 P-AENP,而其他划分产生的 P-AENP 相对较差。同理,对于设计 T_2,比较所有可能的划分,可知 $G_1=\{3,4\},\{3,134\}$ 和 $\{4,124\}$ 对应的划分具有最优的 P-AENP,且有 $^\# P(T_2,\Omega_1)=((2),(9),(4,5))$。于是,根据定义 5.1.1,设计 T_2 是比设计 T_1 更好的折中设计。

事实上,例 5.1.1 中的 2^{6-2} 设计 T_2 是一个关于 $\Omega_1=\{G_1, G_1 \times G_1, G_1, G_2\}, \#\{G_1\}=2$ 的 OCD。该设计具有 3 个纯净主效应和 6 个纯净 2fi's,其中有 2 个纯净主效应和 4 个纯净 2fi's 落入 Ω_1 中。另一方面,设计 T_1 为一个 GMC 设计,它具有 6 个纯净主效应和 6 个纯净 2fi's,但是 Ω_1 中的任意 2fi 都不是纯净的。这是因为 GMC 设计依次最大化 Ω 中纯净主效应和纯净 2fi 的个数,然而,OCD 更多地关注 Ω_1 中的效应,依次最大化 Ω_1 中纯净主效应和纯净 2fi 的个数。与此同时,以上例子说明,当试验者对特定因子效应的估计情况感兴趣时,折中设计和 P-AENP 是有效的。

5.2 基于 P-AENP 构造第三类 OCD

P-AENP 是衡量折中设计的好与坏的有效工具,这一标准适用于任意形式的特定因子效应的集合 Ω_1。本章我们仍然只关注 $\Omega_1=\{G_1, G_1 \times G_1\}$；$\{G_1, G_1 \times G_2\}$；$\{G_1, G_1 \times G_1, G_1 \times G_2\}$；$\{G_1, G_1 \times G_1, G_2 \times G_2\}$ 的四种形式的特定因子效应的集合,即第一、二、三和四类折中设计。Ω_1 的特殊结构决定了与之对应的 P-AENP 的性质,并将影响着 OCD 的构造结果。本节中,我们主要讨论其中一种,即 $\Omega_1=\{G_1, G_1 \times G_1, G_1 \times G_2\}$,亦即第三类 OCD 的构造问题。

首先,我们通过以下引理及推论给出第三类折中设计的 P-AENP 所具有的一些性质。

引理 5.2.1 当 $\Omega_1 = \{G_1, G_1 \times G_1, G_1 \times G_2\}$ 时,若 $_1^\# P_2 = (f)$,则 $_2^\# P_1 = \left(\binom{n}{2} - (n - f_2)\right)$。

证明:由于 $_1^\# P_2 = (f)$,G_1 中的任意因子都不出现的长度为 3 的定义字中,涉及 G_1 中因子的 2fi's,即 $G_1 \times G_1, G_1 \times G_2$,均不与主效应别名。于是,有 $_2^\# P_1^{(0)} = \binom{n}{2} - \binom{n-f}{2}$ 等价于 $_2^\# P_1 = \left(\binom{n}{2} - \binom{n-f}{2}\right)$。

根据上述引理,可以得出以下结论。

推论 5.2.1 在所有的 2^{n-m} 正规设计中,第三类 OCD 依次最大化特定效应集中的 Ω_1 中的纯净主效应和纯净 2fi's 的个数。

证明:根据定义,第三类 OCD 依次最大化 $^\# P = (_1^\# P_2, _2^\# P_1, _2^\# P_2)$。所以第三类 OCD 首先最大化 $_1^\# P_2^{(0)}$,即 Ω_1 中纯净主效应的个数。接下来,我们证明第三类 OCD 将最大化 Ω_1 中纯净 2fi's 的个数,具体如下:

当 $n > N/2$ 时,所有的 2^{n-m} 正规设计包括 OCDs 都没有纯净 2fi's,结论显然成立。另一方面,当 $n \leq N/2$ 时,必定存在 2^{n-m} 正规设计使得 $_1^\# P_2 = (f)$,例如分辨度大于等于 IV 的 2^{n-m} 设计。根据定义可知,此时第三类 OCD 必然满足 $_1^\# P_2 = (f)$。利用引理 5.2.1,第三类 OCD 的 $_2^\# P_1$ 由 $_1^\# P_2$ 确定。于是,它在 $_2^\# P_1$ 之后将最大化 $_2^\# P_2^{(0)}$。这里,我们只需证明 Ω_1 中纯净 2fi's 的个数为 $_2^\# P_2^{(0)}$。由于 $_2^\# P_1^{(0)} = \binom{n}{2} - \binom{n-f}{2}$,$\Omega_1$ 中所有的 2fi's 不与 $\{G_1, G_2\}$ 中的主效应别名。因此 Ω_1 中纯净 2fi's 的个数即位于 Ω_1 中且不与 Ω 中 2fi 别名的 2fi 的个数,也就是说,Ω_1 中包含 $_2^\# P_2^{(0)}$ 个纯净 2fi's。

综上,结论成立。

在本书的第四章,我们已经证明当 $N/4 + 2 \leq n \leq N - 1$ 且 $n_1 \geq 2$ 时,以

及 $n>N/2$ 且 $n_1\geqslant 1$ 时,不存在第三类 CCD。针对这两种情况,我们将利用 P-AENP 来构造第三类 OCD。本节我们只给出 $n_1=1,2$ 时的第三类 OCD 的构造结果,这是因为参数 n_1 较大时,理论证明部分十分复杂,需要更多的技巧和工作来完成构造,这部分内容将是我们今后继续研究的一个方向。

引理 5.2.2 当 $N/4+2\leqslant n\leqslant N/2$ 时,假设设计 $T=\{\mathbf{1},\mathbf{2}\}\cup T_0$ 满足 $_1^\# P_2(T;.;.)=(2)$。那么存在集合 A 满足 $B_2(A,\mathbf{1})=B_2(A,\mathbf{2})=0$,且 $\#\{A\}=N/4-1$,使得 T_0 为 $A\cup \mathbf{12}A$ 的一个投影设计。

证明:根据 $_1^\# P_2(T;.;.)=(2)$,可知对于 $\mathbf{12}\notin T_0$ 有 $B_2(T_0,\mathbf{2})=0$ 和 $B_2(T_0,\mathbf{1})=0$。$H_q\setminus\{\mathbf{1},\mathbf{2},\mathbf{12}\}$ 中的因子可以划分为 $N/4-1$ 个形如 $\{\alpha,\mathbf{1}\alpha,\mathbf{2}\alpha,\mathbf{12}\alpha\}$ 的集合,其中 $\alpha\in\overline{H}_2$。每一个集合中至多可以选择 $\mathbf{1}\alpha,\mathbf{2}\alpha$ 或者 $\alpha,\mathbf{12}\alpha$,否则会导致 $B_2(T_0,\mathbf{2})\neq 0$ 或 $B_2(T_0,\mathbf{1})\neq 0$,产生矛盾。不失一般性,我们记可供选择的两个因子为 $\alpha^*,\mathbf{12}\alpha^*$。将 $N/4-1$ 个集合中对应的 $N/4-1$ 个 α^*'s 归入集合 A,如此,我们得到 $T_0\cup \mathbf{12}A$,$\#\{A\}=N/4-1$。进一步,由 $_1^\# P_2(T;.;.)=(2)$ 推出 $B_2(A,\mathbf{1})=B_2(A,\mathbf{2})=0$。证毕。

引理 5.2.3 当 $N/4+2\leqslant n\leqslant N/2$ 时,$\{\mathbf{1},\mathbf{2}\}\cup\overline{H}_2\cup \mathbf{12}H_2$ 的投影设计中存在第三类 OCD。

证明:根据引理 5.2.2,令 2^{n-m} 设计 T_1 为 $\{\mathbf{1},\mathbf{2}\}\cup A\cup \mathbf{12}A$ 的任意一个投影设计,那么 T_1 总是可以划分为 $T_1=\{\mathbf{1},\mathbf{2}\}\cup A_1\cup \mathbf{1}A_2\cup \mathbf{2}A_3\cup \mathbf{12}A_4$,其中 $A_i\subseteq H_2$,$A_1\cap A_2=A_3\cap A_4=A_1\cap A_3=A_2\cap A_4=\emptyset$。令 $T_2=\{\mathbf{1},\mathbf{2}\}\cup A_1\cup A_2\cup \mathbf{12}A_3\cup \mathbf{12}A_4$,它是 $\{\mathbf{1},\mathbf{2}\}\cup H_2\cup \mathbf{12}H_2$ 的一个投影设计,根据引理 5.2.1,我们有 $_1^\# P_2(T_1;.;.)=_1^\# P_2(T_2;.;.)$ 和 $_2^\# P_1(T_1;.;.)=_2^\# P_1(T_2;.;.)$。下面证明 $_2^\# P_2(T_2;.;.)$ 不比 $_2^\# P_2(T_1;.;.)$ 差。

考虑设计 T_1,涉及 $\mathbf{1}$ 和 $\mathbf{2}$ 的 2fi's 可能与 $\mathbf{12},\alpha_2,\alpha_3,\mathbf{1}\alpha_1,\mathbf{1}\alpha_4,\mathbf{2}\alpha_1,\mathbf{2}\alpha_4,\mathbf{12}\alpha_2,\mathbf{12}\alpha_3$ 别名,这里 $\alpha_i\in A_i$,$i=1,2,3,4$。对于其中的 $\mathbf{1}\alpha_1$ 来说,$A_1\cup \mathbf{1}A_2$

和 $2A_3 \cup 12A_4$ 中可能存在与之别名的 2fi,于是有 $B_2(T_1,\mathbf{1}\alpha_1) \geqslant I_{\{\alpha_1 \in A_4\}} + 1$,其中

$$I_{\{\alpha_1 \in A_4\}} = \begin{cases} 1, & \alpha_1 \in A_4, \\ 0, & \alpha \notin A_4 \end{cases} \tag{5.4}$$

类似地,可以得出:

$$\begin{aligned} & B_2(T_1,\mathbf{1}\alpha_1), B_2(T_1,\mathbf{2}\alpha_1) \geqslant I_{\{\alpha_1 \in A_4\}} + 1 \\ & B_2(T_1,\alpha_2), B_2(T_1,\mathbf{12}\alpha_2) \geqslant I_{\{\alpha_2 \in A_3\}} + 1, \\ & B_2(T_1,\alpha_3), B_2(T_1,\mathbf{12}\alpha_3) \geqslant I_{\{\alpha_3 \in A_2\}} + 1, \\ & B_2(T_1,\mathbf{1}\alpha_4), B_2(T_1,\mathbf{2}\alpha_4) \geqslant I_{\{\alpha_4 \in A_1\}} + 1, \\ & B_2(T_1,\mathbf{12}) = \#\{A_2 \cap A_3\} + \#\{A_1 \cap A_4\} + 1。 \end{aligned} \tag{5.5}$$

接下来,考虑设计 T_2,涉及 $\mathbf{1}$ 和 $\mathbf{2}$ 的 2fi's 可能与 $\mathbf{12},\mathbf{1}\alpha_i,\mathbf{2}\alpha_i,\alpha_i \in A_i, i = 1,2,3,4$,中的元素别名,于是

$$\begin{aligned} & B_2(T_2,\mathbf{1}\alpha_1) = B_2(T_2,\mathbf{2}\alpha_1) = I_{\{\alpha_1 \in A_4\}} + 1, \\ & B_2(T_2,\mathbf{1}\alpha_2) = B_2(T_2,\mathbf{2}\alpha_2) = I_{\{\alpha_2 \in A_3\}} + 1, \\ & B_2(T_2,\mathbf{1}\alpha_3) = B_2(T_2,\mathbf{2}\alpha_3) = I_{\{\alpha_3 \in A_2\}} + 1, \\ & B_2(T_2,\mathbf{1}\alpha_4) = B_2(T_2,\mathbf{2}\alpha_4) = I_{\{\alpha_4 \in A_1\}} + 1, \\ & B_2(T_2,\mathbf{12}) = \#\{A_2 \cap A_3\} + \#\{A_1 \cap A_4\} + 1。 \end{aligned} \tag{5.6}$$

因为 $^{\#}P_2^{(k)}(T_i;.;.) = \#\{\gamma \in H_q : \gamma$ 与涉及 G_1 中的因子的 2fi 别名,且 $B(T,\gamma) = k+1\}$,根据公式 (5.5) 和 (5.6),$^{\#}_2P_2(T_2;.;.)$ 一定不比 $^{\#}_2P_2(T_1;.;.)$ 差。于是,T_2 是不比 T_1 差的第三类折中设计。换言之,形如 T_2 的设计包含第三类 OCD,亦即,$\{\mathbf{1},\mathbf{2}\} \cup \overline{H}_2 \cup 12\overline{H}_2$ 的投影设计中包含第三类 OCD。

对于参数 $N/4 + 2 \leqslant n \leqslant N \leqslant 2, n_1 = 2$ 的第三类 OCD 的构造,引理 5.2.2 和引理 5.2.3 起到了铺垫作用,具体构造结果由以下定理给出。

定理 5.2.1 当 $N=4+2\leqslant n\leqslant N/2, n_1=2$ 时，令 $A_1\bigcup A_2=\overline{H}_2$，#$\{A_1\bigcap A_2\}=n-N/4-1$。则 2^{n-m} 设计 $T=\{\mathbf{1},\mathbf{2}\}\bigcup A_1\bigcup\mathbf{12}A_2$ 是第三类 OCD，并且有 $^\#P(T;.;.)=((2),(2n-3),(N-2n,4n-N-4;0^{n-N/4-3},1))$。

证明：通过引理 5.2.3 可知，存在形如 $T=\{\mathbf{1},\mathbf{2}\}\bigcup A_1\bigcup\mathbf{12}A_2$ 的第三类 OCD，其中 $A_1,A_2\subseteq\overline{H}_2$。那么，$B_2(T,\mathbf{1}\alpha)=B_2(T,\mathbf{2}\alpha)=1,\forall\alpha\in A_1\triangle A_2$，$B_2(T,\mathbf{1}\alpha)=B_2(T,\mathbf{2}\alpha)=2,\forall\alpha\in A_1\bigcap A_2, B_2(T,\mathbf{12})=\#\{A_1\bigcap A_2\}+1$，并且

#$\{\alpha$ 是涉及 $\mathbf{1}$ 或 $\mathbf{2}$ 的 2fi：$B_2(T,\alpha)=1\}=2n-4\#\{A_1\bigcap A_2\}-4$。

#$\{\alpha$ 是涉及 $\mathbf{1}$ 或 $\mathbf{2}$ 的 2fi：$B_2(T,\alpha)=2\}=2\#\{A_1\bigcap A_2\}$，

#$\{\alpha$ 是涉及 $\mathbf{1}$ 或 $\mathbf{2}$ 的 2fi：$B_2(T,\alpha)=\#\{A_1\bigcap A_2\}+1\}=1$。

因为 $_2^\#P_2^{(k)}(T;.;.)=\#\{\alpha$ 是涉及 $\mathbf{1}$ 或 $\mathbf{2}$ 的 2fi：$B_2(T,\alpha)=k+1\}$，$_2^\#P_2^{(0)}(T;.;.)=2n-4\cdot\#\{A_1\bigcap A_2\}-4$。所以，第三类 OCD 首先最大化 $2n-4\cdot\#\{A_1\bigcap A_2\}-4$，即最小化 $\#\{A_1\bigcap A_2\}$。又因为 $A_1,A_2\subseteq\overline{H}_2$，所以 $\#\{A_1\bigcup A_2\}\leqslant N/4-1$。另一方面，根据设计 T 的组成，$\#\{A_1\}+\#\{A_2\}=n-2$。于是有 $n-2-\#\{A_1\bigcap A_2\}\leqslant N/4-1$，等价于 $\#\{A_1\bigcap A_2\}\geqslant n-N/4-1$，当且仅当 $A_1\bigcup A_2=\overline{H}_2$ 时等号成立。故，2^{n-m} 设计 $T=\{\mathbf{1},\mathbf{2}\}\bigcup A_1\bigcup\mathbf{12}A_2, A_1\bigcup A_2=\overline{H}_2$，是一个第三类 OCD。同时有 $_2^\#P_2^{(0)}(T;.;.)=N-2n, _2^\#P_2^{(1)}(T;.;.)=4n-N-4, _2^\#P_2^{(n-N/4-1)}(T;.;.)=1$。

注，定理 5.2.1 给出的第三类 OCD 并不一定唯一。令 T_0 为 $\overline{H}_2$ 的任意一个大小为 $n-N/4-1$ 的子集，那么 $T=\{\mathbf{1},\mathbf{2}\}\bigcup\overline{H}_2\bigcup\mathbf{12}T_0$ 都是一个第三类 OCD。

接下来，我们构造参数 $n>N/2, n_1=1$ 的第三类 OCD 设计。

定理 5.2.2 当 $n>N/2, n_1=1$ 时，令 $A\subseteq\overline{H}_1$，#$\{A\}=n-N/2$，并且在 $\overline{H}_1$ 所有大小为 $n-N/2$ 的子集中，A 依次最大化 $_1^\#C_2(A)$。构造 2^{n-m} 设计 $T=\{\mathbf{1}\}\bigcup\mathbf{1}A\bigcup\overline{H}_1$，那么 T 是一个第三类 OCD。

证明：假定设计 T 是一个参数 $n_1=1, n>N/2$ 的第三类 OCD。不妨设 $G_1=\{\mathbf{1}\}$。由于 $_1^\# P_2^{(k)}=1$ 当且仅当 $B_2(T,\mathbf{1})=k$ 时成立，并且 Zhang 和 Mukerjee[63]证明了 $B_2(T,\mathbf{1})=B_2(\overline{T},\mathbf{1})+n-N/2$，所以，当 $n=1$ 时，依次最大化 $_1^\# P_2$ 等价于最小化 $B_2(\overline{T},\mathbf{1})$。于是有 $\overline{T}=\mathbf{1}D_1\bigcup D_2$，其中 $D_1\bigcap D_2=\emptyset, B_2(\overline{T},\mathbf{1})=0$。因此，不妨假设 $T=\mathbf{1}\bigcup(A\bigcup D_1)\bigcup \mathbf{1}(A\bigcup D_2)$，$\#\{A\}=n-N/2, A, D_1, D_2$ 两两不相交，且有 $A\bigcup D_1\bigcup D_2=\overline{H}_1$。那么 $_1^\# P_2(T;.;.)=(0^{(n-N/2)},1), _2^\# P_1(T;.;.)=(N-n-1, 2n-N)$。接下来，我们构造使得 $_2^\# P_2(T;.;.)$ 达到最优的 D_1, D_2。我们通过以下三种情况比较相应设计的好坏：

情况（ⅰ）：$D_2=\emptyset$，令 $T_1=\mathbf{1}\bigcup \overline{H}_1\bigcup \mathbf{1}A$；

情况（ⅱ）：$D_1=\emptyset$，令 $T_2=\mathbf{1}\bigcup A\bigcup \mathbf{1}\overline{H}_1$；

情况（ⅲ）：$D_1\neq\emptyset; D_2\neq\emptyset$，令 $T_3=\mathbf{1}\bigcup(A\bigcup D_1)\bigcup \mathbf{1}(A\bigcup D_2)$，

我们先来比较设计 T_1 和 T_2。对于设计 T_1，涉及 $\mathbf{1}$ 的 2fi's 与 $A\bigcup \mathbf{1}H_1$ 中的主效应别名，并且

$$B_2(T_1, \mathbf{1}\alpha) = n-N/2, \qquad \alpha\in A,$$
$$B_2(T_1, \mathbf{1}\alpha) = n-N/2+1 \qquad \alpha\in D_1\bigcup D_2, \quad (5.7)$$
$$B_2(T_1, \alpha) = n-N/2+B_2(D_1\bigcup D_2, \alpha), \qquad \alpha\in A。$$

同理，我们有

$$B_2(T_2, \mathbf{1}\alpha) = n-N/2, \qquad \alpha\in A,$$
$$B_2(T_2, \alpha) = n-N/2+1+B_2(D_1\bigcup D_2, \alpha), \quad \alpha\in D_1\bigcup D_2,$$
$$B_2(T_2, \alpha) = n-N/2+B_2(D_1\bigcup D_2, \alpha), \qquad \alpha\in A。$$
$$(5.8)$$

根据式(5.7)和(5.8)，T_1 是 T_2 不比差的第三类折中设计。

下面，我们判断 T_1 和 T_3 哪个是更好的第三类折中设计。设计 T_3 中，涉及 $\mathbf{1}$ 的 2fi's 与 $A\bigcup D_2\bigcup \mathbf{1}(A\bigcup D_1)$ 中的主效应别名，并且

$$B_2(T_3,\mathbf{1}\alpha) = n - N/2 + B_2(D_1 \times D_2,\alpha), \qquad \alpha \in A,$$
$$B_2(T_3,\alpha) = n - N/2 + B_2(D_1,\alpha) + B_2(D_2,\alpha), \qquad \alpha \in A,$$
$$B_2(T_3,\mathbf{1}\alpha) = n - N/2 + 1 + B_2(D_1 \times D_2,\alpha), \qquad \alpha \in D_1,$$
$$B_2(T_3,\alpha) = n - N/2 + 1 + B_2(D_1,\alpha) + B_2(D_2,\alpha), \qquad \alpha \in D_2.$$
(5.9)

根据式(5.7)和(5.9)，我们得出 $_2^{\#}P_2^{(k)}(T_i;.;.) = 0, k < n - N/2 - 1, i = 1,2$，

$$_2^{\#}P_2^{(n-N/2-1)}(T_1;.;.) = \#\{\alpha \in A : B_2(D_1 \cup D_2),\alpha = 0\} + n - N/2,$$
$$_2^{\#}P_2^{(n-N/2-1)}(T_3;.;.) = \#\{\alpha \in A : B_2(D_1 \times D_2,\alpha) = 0\}$$
$$+ \#\{\alpha \in A : B_2(D_1,\alpha) + B_2(D_2,\alpha) = 0\}$$
$$= \#\{\alpha \in A : B_2(D_1 \cup D_2,\alpha) = 0\} + n - N/2$$
$$- \#\{\alpha \in A : B_2(D_1 \times D_2,\alpha) > 0, B_2(D_1,\alpha) + B_2(D_2,\alpha) > 0\}.$$
(5.10)

所以，$_2^{\#}P_2^{(n-N/2-1)}(T_1;.;.) \geqslant {_2^{\#}}P^{(n-N/2-1)}(T_3;.;.)$。当不等号严格成立时，设计 T_1 是 T_3 更好的第三类折中设计。否则，等号成立，则有 $\#\{\alpha \in A : B_2(D_1 \times D_2,\alpha) > 0, B_2(D_1,\alpha) + B_2(D_2,\alpha) > 0\} = 0$。因此，$\#\{\alpha \in A : B_2(D_1 \cup D_2,\alpha) = k\} = \#\{\alpha \in A : B_2(D_1 \times D_2,\alpha) = k\} + \#\{B_2(D_1,\alpha) + B_2(D_2,\alpha) > 0\}, k > 0$。由于

$$_2^{\#}P_2^{(n-N/2)}(T_3;.;.) = \#\{\alpha \in A : B_2(D_1 \times D_2,\alpha) = 1\}$$
$$+ \#\{\alpha \in A : B_2(D_1,\alpha) + B_2(D_2,\alpha) = 1\}$$
$$+ \#\{\alpha \in D_1 : B_2(D_1 \times D_2,\alpha) = 0\}$$
$$+ \#\{\alpha \in D_2 : B_2(D_1,\alpha) + B_2(D_2,\alpha) = 0\}$$
$$_2^{\#}P_2^{(n-N/2)}(T_1;.;.) = \#\{\alpha \in A : B_2(D_1 \cup D_2,\alpha) = 1\} + \#\{D_1 \cup D_2\}$$
$$= \#\{\alpha \in A : B_2(D_1 \times D_2,\alpha) = 1\}$$
$$+ \#\{\alpha \in A : B_2(D_1,\alpha) + B_2(D_2,\alpha) = 1\}$$

$$+ \#\{D_1 \cup D_2\}$$

故 $_2^\# P_2^{(n-N/2)}(T_1;.;.) \geqslant\, _2^\# P_2^{(n-N/2)}(T_3;.;.)$。如果等号成立,设计 T_1 和 T_3 具有相同的 P-AENP。否则,T_1 是优于 T_3 的第三类折中设计。

至此,我们证明了三种情形下设计 T_1 是最优的或者最优之一。现在我们确定 A 的结构。由于 $_2^\# P_2^{(n-N/2-1+k)}(T_1;.;.) = \#\{\alpha \in A : B_2(\overline{H}_1 \backslash A, \alpha) = k\} + C, k \geqslant 0, C$ 为常数。于是,依次最大化 $_2^\# P_2(T_1;.;.)$ 等价于依次最大化 $\#\{\alpha \in A : B_2(H_1 \backslash A, \alpha) = k\}, k = 0, 1, \cdots, \binom{N-n-1}{2}$,进一步,又等价于在 $\overline{H}_1$ 的所有大小为 $n-N/2$ 子集中找到依次最大化 $\#_1 C_2(A)$ 的集合 A。故而,定理给出的设计 T 时参数 $n_1 = 1$ 的第三类 OCD。

结合 GMC 的构造结果可知,当 $n \geqslant 21N/32 + 1$ 时,若集合 A 由 $\overline{H}_1$ 的后 $n-N/2$ 列组成,则设计 $T = \{\mathbf{1}\} \cup H_1 \cup 1A$ 是第三类 OCD。当 $5N/8 + 1 \leqslant n \leqslant 21N/32$ 时,若集合 A 由 $\overline{H}_1$ 在 RC-Yates 序下的后 $n-N/2$ 列组成,则设计 $T = \{\mathbf{1}\} \cup \overline{H}_1 \cup 1A$ 是第三类 OCD。

5.3 小 结

本章提出的 P-AENP 源自与 AENP 相同的思想,基于该准则可以有效地评定折中设计的好与坏。以往折中设计仅考虑纯净效应的个数问题,而 P-AENP 准则将其延伸到更一般的情况。该准则考虑所有特定因子效应被其他因子混杂的严重程度。纯净效应不与主效应或者 2fi's 发生混杂,此时其被混杂程度是最轻的。然而,对于不纯净的因子效应,它会与一个或多个主效应及 2fi's 混杂,个数越少说明其被混杂的程度越轻。基于效应等级原则,P-AENP 准则保证了特定主效应和 2fi's 依次被混杂的程度越轻越好。当然,如果存在具有纯净的特定因子效应的折中设计,P-

AENP 准则会将其优先选择出来。围绕 P-AENP 准则的理论结果也显示,该准则选出的 OCD 具有最多的纯净的特定主效应和 2fi's。

此外,Ω_1 形式的多样化使得 P-AENP 准则可以超越以往四类折中设计的范围,用以研究更加广泛的特定因子效应的集合。这说明了 P-AENP 准则具有一般性,也是对以往研究的推广。

本章给出的理论结果虽然只包含参数 $n_1=1,2$ 的第三类 OCD 的构造,但是构造的方法可以推广到其余三类 OCD 的情况。对于参数为 $n_1 \geqslant 2$、$N/4+1 \leqslant n \leqslant N-1$ OCD 的构造是我们接下来的研究内容,期待可以得出更多更漂亮的研究成果。

总结与讨论

本书的研究成果始于 Zhang 等[62]提出的 GMC 理论，主要研究思想是将因子效应之间的混杂解释为程度，从而将研究目标转化为数值符号。针对区组设计的研究中，设计列的优劣以数值向量 B-F-AENP 来度量，而在讨论折中设计时，则以数值向量 P-AENP 来衡量它的好与坏。

在研究区组设计的因子安排问题时，设计列出现在定义对照子群与因子效应的别名关系式的不同位置，构成不同设计列之间的差异性。对此，提出了 B-F-AENP 这一概念，它帮助我们以具体数值来度量设计列的优劣。另一方面，从试验的角度来看，试验者通常对因子重要性的排序有先验的认识，这使得有策略地将试验因子安排到设计的列上成为有意义的研究课题之一。

B-F-AENP 和 F-AENP 都是根源于相同的思想，相比之下，B-F-AENP 研究的区组设计由于区组因子的存在而具有更为复杂的结构和因子效应的混杂关系。我们采取了将处理效应分类的方法，于是就有了第三章第二节和第三节的理论结果。研究过程中，我们给出了针对参数 $5N/16+1 \leqslant n \leqslant N-1$ 的 B^1-GMC 设计的全新解构方法，便于更深入地了解设计列之间的混杂关系，同时清晰地呈现出设计列依照 B-F-AENP 的排序。

基于 B-F-AENP 我们可以对设计列的优劣进行透彻地分析，但最终我们还是希望解决选择何种策略将试验因子安排到设计的列上这一关键问题。这里，我们充分考虑了实际试验当中可能出现的各种情形。首先，如果实际情况允许试验者将各个试验因子分开考虑，那么直接按照试验因子先验的重要性排序和设计列的 B-F-AENP 序一一对应的关系来安排试验因子即可。其次，如果实际情况需要试验者同时考虑各试验因子以及它们的交互效应，这时待估的信息量增多，那么能够安排的试验因子的数目将会减少。为了解决这类问题，我们选取若干独立列来安排排序靠前的重要的试验因子,着重考虑这样的少数因子及其交互效应的估计情况。这一策略当然也是建立在理论基础之上,即效应稀疏原则。于是,依据设计列的 B-F-AENP 序,我们给出在 $2^{n-m}:2^s$ 设计中依次选取最优的 $q(q=n-m)$ 个独立列的方法,下面只需将前 q 个重要的试验因子依次安排在它们之上。针对这两种实际情形的因子安排策略在第三章第四节给出了详尽的介绍。

实际情况中,试验者往往只需要给出特定因子效应的精确估计,关于折中设计的研究就是为了解决这一类特殊的诉求。当然,最理想的情形便是所有的特定因子效应都是纯净的,这也具有更大的实际意义。于是,结合实际,我们研究了四类特定因子效应的集合,较完整地研究关于这四类纯净折中设计的存在性问题,并且系统地给出了参数为 $N/4+1 \leqslant n \leqslant N/2$ 时的构造结果,具体工作在第四章第二节和第三节。对比以往研究,我们构造的纯净折中设计不仅包括分辨度为 Ⅳ 的设计,更多的是分辨度为 Ⅲ 的。当特定因子效应确定时,我们的设计只需要较少的试验次数,可以有效地节约试验材料和时间成本,具有更强的适用性。

当 $n \leqslant N/4$ 时,各种最优设计的研究都变得繁复而艰难,纯净折中设计也不另外。在第四章最后一部分工作中,我们选择四类折中设计中特定因子效应的集合最为复杂的第三类进行深入地研究,因为第三类纯净折中设计同时也是第一类和第二类纯净折中设计,它具有更为理想的结构。这里,我们用到的关键技术是构造一个具有特殊性质的闭子集,即 H_f 中由独立列 $\{\alpha_{2^{i_0}}, \alpha_{2^{i_1}} \cdots \alpha_{2^{i_s}} \alpha_{\sum\limits_{t=0}^{s} 2^{i_t}}; \sum\limits_{t=0}^{s} 2^{i_t} \leqslant f, 1 \leqslant s \leqslant \lceil \log_2(f+1) \rceil - 1, 0 \leqslant i_0 < \cdots < i_s \leqslant \lceil \log_2(f+1) \rceil - 1\}$(其中 $\alpha_1 = 1, \alpha_2 = 2, \cdots, \alpha_f = f$)生成的闭子集,它包含 $2^{\lceil \log_2(f+1) \rceil}$ 个列,并且由其中任意两列生成的两阶交互效应均不与 $\{1, 2, \cdots, f, 12, 13, 23, \cdots, (f-1)f\}$ 中的任一列别名。

显然,纯净折中设计具有更强的实际意义,但是它的存在性却受到参数的限制,自然地我们就希望给出适用于普遍情形的研究折中设计的方法。受到 AENP 思想的启发,我们以全新的数量模型 P-AENP 来衡量折中设计中各阶特定因子效应被混杂的严重程度。通过研究 P-AENP 的性质,我们发现该准则下的最优折中设计使得特定因子效应的集合中具有依次最多个数的纯净主效应和纯净两阶交互效应。这正与通常意义下纯净效应准则完美契合,也进一步体现了 P-AENP 定义的合理性。

囿于特定因子效应的集合形式的多样性,以统一的研究手段完成各类情形下 P-AENP 的计算难于实现。于是,我们仍然仅对结构最为复杂的第三类折中设计进行讨论。然而,单是参数 $n_1 = 1, 2$(n_1 为集合 G_1 中因子的个数,$\{G_1, G_1 \times G_1, G_1 \times G_2\}$ 表示第三类折中设计对应的特定因子效应的集合)时,构造第三类最优折中设计工作量就已非常之大,细节部分在第五章第二节呈现。由于时间和精力的限制,我们的理论结果未能推广到更一般的情形,这将是我们接续工作的主要内容之一。同时,鉴于 P-AENP 提供了较完整的折中设计混杂结构的信息,我们相信借助这一有力的研究工具可以进一步得到更为完善的研究成果。后续工作中,我们将竭力寻找有效的技术手段解决这一系列的关键问题。

参考文献

参考文献

[1] Addelman, S. Orthogonal main-effect plans for asymmetrical factorial experiments [J]. Technometrics, 1962, 4:21-46.

[2] Addelman, S. Symmetrical and asymmetrical fractional factorial plans [J]. Technometrics, 1962, 4:47-58.

[3] Ai, M. Y. and Zhang, R. C. s^{n-m} designs containing clear main effects or clear two-factor interactions [J]. Statistics & Probability Letters, 2004, 69:151-160.

[4] Box, G. E. P. and Hunter, J. S. The 2^{k-p} fractional factorial designs [J]. Technometrics, 1961, 3:311-351 and 449-458.

[5] Box, G. E. P., Hunter, J. S. and Hunter, W. G. Statistics for Experimenters Design, Innovation, and Dis-covery [M]. New York: Wiley, 1978, 1st Ed. 2005, 2nd Ed.

[6] Box, G. E. P and Jones, S. Split-plot designs for robust product experimentation [J]. Journal of Applied Statistics, 1992, 19:3-26.

[7] Chen, B. J., Li, P. F., Liu, M. Q. and Zhang, R. C. Some results on blocked regular 2-level fractional factorial designs with clear effects [J]. Journal of Statistical Planning and Inference, 2006, 136: 4436-4449.

[8] Chen, H. and Cheng, C. S. Aberration, estimation capacity and estimation index [J]. Statistica Sinica, 2004, 14:203-215.

[9] Chen, H. and Cheng, C. S. Doubling and projection: a method of constructing two-level designs of resolution IV [J]. Annals of Statistics, 2006, 34: 546-558.

[10] Chen, H. and Cheng, C. S. Theory of optimal blocking of 2^{n-m} designs [J]. Annals of Statistics, 1999, 27:1948-1973.

[11] Chen, H. and Hedayat, A. S. 2^{n-l} designs with weak minimum aberration [J]. Annals of Statistics,1996,24:2536-2548.

[12] Chen, H. and Hedayat, A. S. 2^{n-l} designs with resolution III or IV containing clear two-factor interactions [J]. Journal of Statistical Planning and Inference,1998,75:147-158.

[13] Chen, J. , Sun, D. X. and Wu, C. J. F. A catalogue of two-level and three-level fractional factorial designs with small runs [J]. International Statistical Review,1993,61:131-145.

[14] Chen, J. and Wu, C. F. J. Some results on s^{n-k} fractional factorial designs with minimum aberration or optimal moments [J]. Annals of Statistics,1991,19:1028-1041.

[15] Chen, J. and Wu, C. F. J. Some results on 2^{n-k} fractional factorial designs and search for minimum aberration designs [J]. Annals of Statistics,1992,20:2124-2141.

[16] Cheng, C. S. Theory of factorial design: single and multi stratum experiments [M]. CRC Press,LIc,2013.

[17] Cheng, C. S. and Mukerjee, R. Regular fractional factorial designs with minimum aberration and maximum estimation capacity [J]. Annals of Statistics,1998,26:2289-2300.

[18] Cheng, C. S. , Steinberg, D. M. and Sun, D. X. Minimum aberration and model robustness for two-level factorial designs [J]. Journal of the Royal Statistical Society:Series B,1999,61:85-93.

[19] Cheng, S. W. and Wu, C. F. J. Choice of optimal blocking schemes in two level and three level designs [J]. Technometrics, 2002, 44: 269-277.

[20] Cheng, Y. and Zhang, R. C. On construction of general minimum lower order confounding 2^{n-m} designs with $N/4 + 1 \leqslant n \leqslant 9N/32$ [J]. Journal of Statistical Planning and Inference, 2010, 140: 2384-2394.

[21] Cheng, Y. and Zhang, R. C. A generalized general minimum lower order confounding criterion for general orthogonal designs [J]. Communications in Statistics-Theory and Methods, 2014, DOI: 10.1080/03610926.2013.765474.

[22] Deng, L. Y. and Tang, B. X. Generalized relation andminimum aberration criterion for Plackett-Burman and other nonregular factorial designs [J]. Statistica Sinica, 1999, 9: 1071-1082.

[23] Dey, A. and Mukerjee, R. Fractional Factorial Plans [M]. New York: Wiley, 1999.

[24] Franklin, M. F. Constructing tables of minnemum aberration p^{n-m} designs [J]. Technometrics, 1984, 26: 225-232.

[25] Fries, A. and Hunter, W. G. Minnemum aberration 2^{k-p} designs [J]. Technometrics, 1980, 22: 601-608.

[26] Guo, B., Zhou, Q. and Zhang, R. C. On construction of blocked general minimum lower-order confounding $2^{n-m} : 2^s$ designs with $N/4 + 1 \leqslant n \leqslant 5N/16$. Journal of Complexity, 2015, 31: 98-109.

[27] Guo, B., Zhou, Q. and Zhang, R. C. Some results on constructing general minimum lower order con-founding 2^{n-m} designs for $n \leqslant 2^{n-m-2}$. Metrika, 2014, 77: 721-732.

[28] Hedayat, A. S., Sloane, N. J. A. and Stufken, J. Orthogonal arrays: Theory and Applications [M]. New York: Springer, 1999.

[29] Ke, W. , Tang, B. X. and Wu, H. Q. Compromise plans with clear two-factor interactions [J]. Statistica Sinica, 2005, 15:709-715.

[30] Li, P. F. , Zhao, S. L. and Zhang, R. C. A theory on constructing 2^{n-m} designs with general minimum lower-order confounding [J]. Statistica Sinica, 2011, 21:1571-1589.

[31] Li, Z. M. , Zhang, T. F. and Zhang, R. C. Three-level regular designs with general minimum lower-order confounding [J]. Canadian Journal of Statistics, 2013, 41(1):192-210.

[32] Ma, C. X. and Fang, K. T. A note on generalized aberration in factorial designs [J]. Metrika, 2001, 53:85-93.

[33] Mukerjee, R. and Wu, C. F. J. Minimum aberration designs for mixed factorials in terms of comple-mentary sets [J]. Statistica Sinica, 2001, 11:225-239.

[34] Mukerjee, R. and Wu, C. F. J. A Modern Theory of Factorial Designs [M]. New York: Springer Series in Statistics, Springer Science + Business Media Inc. , 2006.

[35] Pignatiello, J. J. , Jr. and Ramberg, J. S. Discussion 'Off-Line Quality Control, Parameter Design, and the Taguchi Method' by Kackar, R. N. [J]. Journal of Quality Technology, 1985, 17:198-206.

[36] Ren J. R. , Li P. and Zhang R. C. An optimal selection of two-level regular single arrays for robust parameter experiments [J]. Journal of Statistical Planning and Inference, 2012, 142:3037-3046.

[37] Suen, C. Y. , Chen, H. and Wu, C. F. J. Some identities on q^{n-m} designs with application to minimum aberrations [J]. Annals of Statistics, 1997, 25:1176-1188.

[38] Sun, D. X. Estimation capacity and related topics in experimental designs [D]. Ph. D. Dissertation, University of Waterloo, Waterloo, Ontario, Canada, 1993.

[39] Tan, Y. L. and Zhang, R. C. Construction of two level blocked general minimum lower order confound-ing designs [J]. Pakistan Journal of Statistics, 2013, 29: 351-367.

[40] Tang, B. , and Deng, L. Y. Minimum G_2-aberration 2^{n-k} for nonregular fractional factorial designs [J]. Annals of Statistics, 1999, 27: 1914-1926.

[41] Tang, B. , and Wu, C. F. J. Characterization of minimum aberration 2^{n-k} designs in terms of their complementary designs [J]. Annals of Statistics, 1996, 24: 2549-2559.

[42] Wang, D. Y. and Zhang, R. C. Some theoretical results and constructions of compromise plans with specified sets of clear effects, manuscript.

[43] Wang, D. Y. , Ye, S. L. , Zhou, Q. and Zhang, R. C. Blocked factor aliased effect-number pattern and column rank of blocked regular designs [J]. Metrika, 2017, 80: 133-152.

[44] Wei, J. L. , Li, P. and Zhang, R. C. Blocked two-level regular designs with general minimum lower-order confounding [J]. Journal of Statistical Theory and Practice, 2014, 8: 46-65.

[45] Wei, J. L. , Yang, J. F. , Li, P. and Zhang, R. C. Split-plot designs with general minimum lower-order confounding [J]. Science China Mathematics, 2010, 53(4): 939-952.

[46] Wu, C. F. J. Construction of $2^m 4^n$ designs via a grouping scheme [J]. Annals of Statistics, 1989, 17: 1880-1885.

[47] Wu, C. F. J., Chen, Y. A graph-aided method for planning two-level experiments when certain interactions are important [J]. Technometrics, 1992,34:162-175.

[48] Wu, C. F. J. and Hamada, M. Experiments: Planning, Analysis, and Parameter Design Optimization [M]. New York: Wiley, 2000.

[49] Wu, C. F. J. and Zhang, R. C. Minimum aberration designs with two-level and four-level factors [J]. Biometrika, 1993, 80:203-209.

[50] Wu, C. F. J., Zhang, R. C. and Wang, R. G. Construction of asymmetrical orthogonal arrays of the type [J]. Statistica Sinica, 1992, 2:203-220.

[51] Wu, H. Q. and Wu, C. F. J. Clear two-factor interactions and minimum aberration [J]. Annals of Statis-tics, 2002, 30:1496-1511.

[52] Xu, H. Q. Minimum moment aberration for nonregular designs and supersaturated designs [J]. Statis-tica Sinica, 2003, 13:691-708.

[53] Xu, H. Q. Blocked regular fractional factorial designs with minimum aberration [J]. Annals of Statis-tics, 2006, 34:2534-2553.

[54] Xu, H. Q. and Cheng, C. S. A complementary design theory for doubling [J]. Annals of Statistics, 2008, 36:445-457.

[55] Xu, H. Q. and Wu, C. F. J. Generalized minimum aberration for asymmetrical fractional factorial designs [J]. Annals of Statistics, 2001, 29:1066-1077.

[56] Yang, G. J., Liu, M. Q and Zhang, R. C. Weak minimum aberration and maximum number of clear two-factor interactions in designs [J]. Science in China, Series A-Mathematics, 2005, 48(11):1479-1487.

[57] Yang, J. F., Li, P. F., Liu, M. Q. and Zhang, R. C. Fractional factorial splitplot designs containing clear effects [J]. Journal of Statistical

Planning and Inference,2006,136:4450-4458.

[58] Ye, S. L. , Wang, D. Y. , and Zhang, R. C. (2018). 2^{m-p} compromise plans with strongly clear specified main effects and two-factor interactions. Communications in Statistics-Theory and Methods, 47: 12,2827-2834.

[59] Ye, S. L. , Wang, D. Y. and Zhang, R. C. Partial Aliased Effect Number Pattern and Selection of Optimal Compromise Designs. Submitted to Journal of Complexity, under review.

[60] Zhang, R. C. and Cheng, Y. General minimum lower order confounding designs: An overview and a construction theory [J]. Journal of Statistical Planning and Inference,2010,140:1719-1730.

[61] Zhang, R. C. , Li, P. and Wei, J. L. Optimal blocking for two-level regular designs with multi block variables [J]. Journal of Statistical Theory and Practice,2011,5(1):161-178.

[62] Zhang, R. C. , Li, P. , Zhao, S. L. and Ai, M. Y. A general minimumlower-order confounding criterion for two-level regular designs [J]. Statistica Sinica,2008,18:1689-1705.

[63] Zhang, R. C. and Mukerjee, R. Characterization of general minimum lower order confounding via complementary sets [J]. Statistica Sinica,2009,19:363-375.

[64] Zhang, R. C. and Mukerjee, R. General minimum lower order confounding in block designs using complementary sets [J]. Statistica Sinica,2009,19: 1787-1802.

[65] Zhang, R. C. and Park, D. K. Optimal blocking of two level fractional factorial designs [J]. Journal of Statistical Planning and Inference,

2000,91:107-121.

[66]Zhang,R. C. and Shao,Q. Minimum aberration $(s^2)s^{n-k}$ designs [J]. Statistica Sinica,2001,11:213- 223.

[67]Zhao,S. L. ,Li,P. F. ,Zhang,R. C. and Karunamuni,R. Construction of blocked two-level regular designs with general minimum lower order confounding [J]. Journal of Statistical Planning and Infer-ence, 2013,143(6):1082-1090.

[68]Zhao, S. L. and Zhang, R. C. $4^m 2^n$ designs with resolution Ⅲ or Ⅳ containing clear two-factor interaction components [J]. Statistical Papers,2008,49:441-454.

[69]Zhao,S. L. and Zhang,R. C. (2010). Compromise $4^m 2^n$ plans with clear two-factor interactions. Acta Math. Appl. Sinica, English Series, 26 (1),99-106.

[70]Zhao,S. L. and Zhang,R. C. Bounds on the maximum number of clear two-factor interactions for $2^{n-(n-k)}$ designs [J]. Acta Mathematica Scientia,2008,28:949-954.

[71]Zhou, Q. , Balakrishnan, N. and Zhang, R. C. Factor aliased effect number pattern and experimental planning [J]. Can. J. Statist,2013, 41:540-555.

[72]Zhou, Z. Y. and Zhang, R. C. A generalized general minimum lower order confounding criterion for nonregular designs [J]. Journal of Statistical Planning and Inference,2014,148:95-100.

[73]Zi, X. M. , Zhang, R. C. and Liu, M. Q. Bounds on the maximum numbers of clear two-factor interactions for fractional factorial split-plot designs [J]. Science in China Series A-Mathematics,2006, 49

(1):1816-1829.

[74] 程轶. 一般最小低阶混杂设计的构造理论[D]:[博士学位论文]. 天津:南开大学数学科学学院,2010.

[75] 胡建伟. 一般最小低阶混杂理论的某些研究[D]:[博士学位论文]. 天津:南开大学数学科学学院,2009.

[76] 郭兵. 两水平一般最小低阶混杂设计的构造[D]:[博士学位论文]. 长春:东北师范大学数学与统计学院,2014.

[77] 李鹏. 因析设计的最优准则与构造性质[D]:[博士学位论文]. 天津:南开大学数学科学学院,2008.

[78] 张润楚. 带区组结构试验设计的模型和分析[R]:[特邀报告]. 河南郑州:中国现场统计研究会第七届年会,2003.

[79] 张润楚. 多元统计分析[M]. 北京:中国统计出版社,2006.

[80] 张润楚、郑海涛、兰燕译. 试验设计与分析及参数优化[M]. 北京:中国统计出版社,2003.

[81] 张润楚等译. 试验应用统计——设计、创新和发现[M]. 北京:机械工业出版社,2009.

[82] 赵胜利. 两类正规因析设计的最优准则与构造方法[D]:[博士学位论文]. 天津:南开大学数学科学学院,2006.

[83] 周琦. 部分因析设计中因子安排的研究[D]:[博士学位论文]. 长春:东北师范大学数学与统计学院,2013.

附 录

首先,根据第三章的结论,表 A.1,表 A.2 和表 A.3 分别列出 16-run, 32-run 和 64-run B^1-GMC $2^{n-m}:2^s$ 设计中所有列基于 B-F-AENP 的排序, 同时给出了中依次最优的 q 个列,这里 $5N/16+1 \leqslant n \leqslant N-1$。为节省空间,选定设计的列标记为其在 H_q 中的序号。相应的 D_b's 第三节已经给出,表中直接省略。

注,表格并未涉及 $s=n-m-1$ 的情形。这是因为 B^1-GMC $2^{n-m}:2^{n-m-1}$ 设计中,任意两阶交互效应都与区组效应别名,此时,依次最优的独立列与部分区组的 GMC 2^{n-m} 设计相同(详见 Zhou,Balakrishnan 和 Zhang[71])。

表 A.4,A.5,A.6 分别给出了 16-run,32-run 和 64-run 2^{n-m} 纯净折中设计的搜索结果,并列举了这些设计的一些基本性质,如 P-AENP、分辨度、包含纯净以及强纯净的主效应、两阶交互效应的个数等等。

表 A.1　16-run B^1-GMC $2^{n-m}:2^s$ 设计中列的排序及依次最优的独立列

n	B-F-AENP 下 D_t 中列的排序	依次最优的 4 列	
		$s=1$	$s=2$
6	10,11;12,⋯,15	10,11,12,14	10,12,14,15
7	9;10,11;12,⋯,15	9,10,11,12	9,12,14,15
8	8,⋯,15	8,10,12,15	8,12,14,15
9	8,⋯,15;7	8,10,12,15	8,7,12,14
10	8,⋯,15;6,7	8,10,12,15	8,6,12,15
11	8,⋯,15;5;6,7	8,10,12,15	8,12,5,6
12	8,⋯,15;4,⋯,7	8,10,12,15	8,12,5,6
13	8,⋯,15;4,⋯,7;3	8,10,12,15	
14	8,⋯,15;4,⋯,7;2,3	8,10,12,15	

表 A.2　32-run B^1-GMC $2^{n-m}:2^s$ 设计中列的排序及依次最优的独立列

n	B-F-AENP 下 D_t 中列的排序	依次最优的 5 列		
		$s=1$	$s=2$	$s=3$
11	21;22,23,24,…,31	21,22,23,24,28	21,22,24,26,28	21,24,28,30,31
12	20,…,23;24,…,31	20,21,22,24,28	20,22,24,27,28	20,24,28,30,31
13	19;20,…,23;24,…,31	19,20,21,22,24	19,20,22,24,27	19,24,28,30,31
14	18,19;20,…,23;24,…,31	18,19,20,22,24	18,20,22,24,27	18,24,28,30,31
15	17,…,31	17,18,19,20,24	17,20,24,28,30	17,24,28,30,31
16	16,…,31	16,18,20,23,24	16,20,24,29,30	16,24,28,30,31
17	16,…,31;15	16,18,20,23,24	16,20,24,29,15	16,15,24,28,30
18	16,…,31;14,15	16,18,20,23,24	16,20,24,29,14	16,24,28,14,15
19	16,…,31;13,14,15	16,18,20,23,24	16,20,24,29,14	16,24,13,14,15
20	16,…,31;12,…,15	16,18,20,23,24	16,20,24,29,14	16,24,12,14,15
21	16,…,31;11,12,…,15	16,18,20,23,24	16,20,24,29,11	16,24,11,12,14
22	16,…,31;10,11,12,…,15	16,18,20,23,24	16,20,24,29,10	16,24,10,12,15
23	16,…,31;9,10,11,12,…,15	16,18,20,23,24	16,20,24,29,10	16,24,9,12,14
24	16,…,31;8,…,15	16,18,20,23,24	16,20,24,29,10	16,24,9,12,14
25	16,…,31;8,…,15;7	16,18,20,23,24	16,20,24,29,10	
26	16,…,31;8,…,15;6,7	16,18,20,23,24	16,20,24,29,10	
27	16,…,31;8,…,15;5,6,7	16,18,20,23,24	16,20,24,29,10	
28	16,…,31;8,…,15;4,…,7	16,18,20,23,24	16,20,24,29,10	
29	16,…,31;8,…,15;4,…,7;3	16,18,20,23,24		
30	16,…,31;8,…,15;4,…,7;2,3	16,18,20,23,24		

表 A.3 64-run B^1-GMC $2^{n-m}:2^s$ 设计中列的排序及依次最优的独立列

n	B-F-AENP 下 D_t 中列的排序	依次最优的 6 列 $s=2$	$s=3$	$s=4$
21	43;44,…,47;48,…,63	43;44;46;48;51;56	43;44;48;52;56;61	43;48;56;60;62;63
22	42;43;44,…,47;48,…,63	42;44;46;48;51;56	42;44;48;52;56;61	42;48;56;59;60;61
23	41;42;43;44,…,47;48,…,63	41;42;44;46;48;56	41;44;48;52;56;62	41;48;56;60;62;63
24	40,…,47;48,…,63	40;42;44;47;48;56	40;44;48;53;56;62	40;48;56;60;62;63
25	39;40,…,47;48,…,63	39;40;42;44;47;48	39;40;44;48;53;56	39;48;52;56;61;62
26	38;39;40,…,47;48,…,63	38;40;42;44;47;48	38;40;44;48;53;54	38;48;52;56;61;62
27	37;38;39;40,…,47;48,…,63	37;38;40;42;44;48	37;40;44;48;53;58	37;48;52;56;61;62
28	36,…,39;40,…,47;48,…,63	36;38;40;43;44;48	36;40;44;48;53;58	36;48;52;56;61;62
29	35;36,…,39;40,…,47;48,…,63	35;36;38;40;43;48	35;40;48;56;60;62	35;48;52;56;61;62
30	34;35;36,…,39;40,…,47;48,…,63	34;36;38;40;43;48	34;40;48;56;60;62	34;48;52;56;61;62
31	33,…,63	33;36;40;44;48;54	32;40;48;57;60;62	32;48;52;56;61;62
32	32,…,63	32;36;40;45;48;54	32;40;48;57;60;62	32;48;52;56;61;62
33	32…,63;31	32;36;40;45;48;54	32;40;48;57;60;31	32;31;48;56;60;62
34	32,…,63;30;31	32;36;40;45;48;54	32;40;48;57;30;31	32;30;31;48;56;60
35	32,…,63;29;30;31	32;36;40;45;48;54	32;40;48;57;29;30	32;48;56;29;30;31
36	32,…,63;28,…,31	32;36;40;45;48;54	32;40;48;57;28;30	32;48;56;28;29;30
37	32,…,63;27;28,…,31	32;36;40;45;48;54	32;40;48;57;27;28	32;48;27;28;30;31
38	32,…,63;26;27;28,…,31	32;36;40;45;48;54	32;40;48;57;26;28	32;48;26;28;30;31
39	32,…,63;25;26;27;28,…,31	32;36;40;45;48;54	32;40;48;57;26;28	32;48;25;28;30;31
40	32,…,63;24,…,31	32;36;40;45;48;54	32;40;48;57;26;28	32;48;24;28;30;31

（续表）

n	B-F-AENP 下 D_t 中列的排序	依次最优的 6 列		
		$s=2$	$s=3$	$s=4$
41	32,…,63;23;24,…,31	32;36;40;45;48;54	32;40;48;57;23;26	32;48;23;24;28;30
42	32,…,63;22;23;24,…,31	32;36;40;45;48;54	32;40;48;57;22;26	32;48;22;23;24;28
43	32,…,63;21;22;23;24,…,31	32;36;40;45;48;54	32;40;48;57;21;26	32;48;21;24;28;30
44	32,…,63;20,…,23;24,…,31	32;36;40;45;48;54	32;40;48;57;20;26	32;48;20;24;29;30
45	32,…,63;19;20,…,23;24,…,31	32;36;40;45;48;54	32;40;48;57;19;28	32;48;19;20;24;30
46	32,…,63;18;19;20,…,23;24,…,31	32;36;40;45;48;54	32;40;48;57;18;28	32;48;18;20;24;31
47	32,…,63;17;18;19;20,…,23;24,…,31	32;36;40;45;48;54	32;40;48;57;17;26	32;48;17;20;24;30
48	32,…,63;16,…,31	32;36;40;45;48;54	32;40;48;57;18;28	32;48;17;24;29;30
49	32,…,63;16,…,31;15	32;36;40;45;48;54	32;40;48;57;18;28	
50	32,…,63;16,…,31;14;15	32;36;40;45;48;54	32;40;48;57;18;28	
51	32,…,63;16,…,31;13;14;15	32;36;40;45;48;54	32;40;48;57;18;28	
52	32,…,63;16,…,31;12,…,15	32;36;40;45;48;54	32;40;48;57;18;28	
53	32,…,63;16,…,31;11;12,…,15	32;36;40;45;48;54	32;40;48;57;18;28	
54	32,…,63;16,…,31;10;11;12,…,15	32;36;40;45;48;54	32;40;48;57;18;28	
55	32,…,63;16,…,31;9;10;11;12,…,15	32;36;40;45;48;54	32;40;48;57;18;28	
56	32,…,63;16,…,31;8,…,15	32;36;40;45;48;54	32;40;48;57;18;28	

注：表中省略了 $n=21,…,31, s=1$ 时依次最优的 6 列，其与 Zhou, Balakrishnan 和 Zhang[71] 表 8 相应的信息一致；另外，$n=32,…,63$ 时依次最优的 6 列均为 $\{32,34,36,39,40,48\}$。

表 A.4　8,16,32,64-run 2^{n-m} 第一类 CCDs

n	f	Design $T=\{G_1:G_2\}$	$_1^{\#}P_2;_2^{\#}P_1;_2^{\#}P_2;_1^{\#}P_3;_2^{\#}P_3$	Cs	SCs	R
		8-run				
4	1	1:2,4,6	1;—;—;1;—	1,0	1,0	Ⅲ
		1:2,4,7	1;—;—;0,1;—	1,0	0,0	Ⅳ
		16-run				
5	1	1:2,4,8,12	1;—;—;1;—	1,0	1,0	Ⅲ
		1:2,4,8,15	1;—;—;1;—	1,0	1,0	Ⅳ
5	2	1,2:4,8,12	2;1;1;2;1	2,1	2,1	Ⅲ
		1,2:4,8,15	2;1;1;2;0,1	2,1	2,0	Ⅳ
6	1	1:2,4,6,8,10	1;—;—;1;—	1,0	1,0	Ⅲ
		1:2,4,8,11,13	1;—;—;0^2,1;—	1,0	0,0	Ⅳ
7	1	1:2,4,6,8,10,12	1;—;—;1;—	1,0	1,0	Ⅲ
		1:2,4,8,11,13,14	1;—;—;0^4,1;—	1,0	0,0	Ⅳ
8	1	1:2,4,6,8,10,12,14	1;—;—;1;—	1,0	1,0	Ⅲ
		1:2,4,7,8,11,13,14	1;—;—;0^7,1;—	1,0	0,0	Ⅳ
		32-run				
7	2	1,2:4,8,12,16,20	2;1;1;2;1	2,1	2,1	Ⅲ
		1,2:4,8,15,16,23	2;1;1;2;0^2,1	2,1	2,0	Ⅳ
	3	1,2,4:8,16,23,24	3;3;3;3;0,3	3,3	3,0	Ⅲ
		1,2,4:8,15,16,23	3;3;3;3;0^2,3	3,3	3,0	Ⅳ
8	2	1,2:4,8,12,16,20,24	2;1;1;2;1	2,1	2,1	Ⅲ
		1,2:4,8,15,16,27,28	2;1;1;2;0^4,1	2,1	2,0	Ⅳ
	3	1,2,4:8,16,23,24,31	3;3;3;3;0^2,3	3,3	3,0	Ⅲ
		1,2,4:8,15,16,27,28	3;3;3;2,0,1;0^2,2,0,1	3,3	2,0	Ⅳ
9	2	1,2:4,8,12,16,20,24,28	2;1;1;2;1	2,1	2,1	Ⅲ
		1,2:4,8,15,16,23,27,28	2;1;1;2;0^7,1	2,1	2,0	Ⅳ
	3	1,2,4:8,16,23,24,31	3;3;3;3;0^3,3	3,3	3,0	Ⅳ
		1,2,4:8,15,16,23,27,28	3;3;3;2,0^3,1;0^3,2,0^3,1	3,3	2,0	Ⅳ

(续表)

n	f	Design $T=\{G_1:G_2\}$	$^\#_1P_2;^\#_2P_1;^\#_2P_2;^\#_1P_3;^\#_2P_3$	Cs	SCs	R
		64-run				
8	2	1,2:4,8,16,31,32,63	2;1;1;2;1	2,1	2,1	Ⅲ
		1,2:4,8,16,31,32,47	2;1;1;2;1	2,1	2,1	Ⅳ
	3	1,2,4:8,16,31,32,63	3;3;3;3;3	3,3	3,3	Ⅲ
		1,2,4:8,16,31,32,47	3;3;3;3;3	3,3	3,3	Ⅳ
	4	1,2,4,8:16,31,32,63	4;6;6;4;6	4,6	4,6	Ⅲ
		1,2,4,8:16,31,32,47	4;6;6;4;6	4,6	4,6	Ⅳ
9	2	1,2:4,8,31,32,47,48,63	2;1;1;2;1	2,1	2,1	Ⅲ
		1,2:4,8,16,32,47,54,57	2;1;1;2;1	2,1	2,1	Ⅳ
	3	1,2,4:8,31,32,47,48,63	3;3;3;3;3	3,3	3,3	Ⅲ
		1,2,4:8,16,32,47,54,57	3;3;3;3;2,0,1	3,3	3,2	Ⅳ
	4	1,2,4,8:31,32,47,48,63	4;6;6;4;6	4,6	4,6	Ⅲ
		1,2,4,8:16,32,47,54,57	4;6;6;4;4,0,2	4,6	4,4	Ⅳ
	5	1,2,4,8,16:23,32,43,55	5;10;10;5;0,8,2	5,10	5,0	Ⅲ
		1,2,4,8,16:32,47,54,57	5;10;10;5;4,0,6	5,10	5,4	Ⅳ
10	2	1,2:4,8,16,31,32,47,48,63	2;1;1;2;1	2,1	2,1	Ⅲ
		1,2:4,8,16,30,32,46,55,57	2;1;1;2;1	2,1	2,1	Ⅳ
	3	1,2,4:8,16,31,32,47,48,63	3;3;3;3;3	3,3	3,3	Ⅲ
		1,2,4:8,16,30,32,46,55,57	3;3;3;3;2;0²,1	3,3	3,2	Ⅳ
	4	1,2,4,8:16,31,32,47,48,63	4;6;6;4;6	4,6	4,6	Ⅲ
		1,2,4,8:16,31,32,47,51,60	4;6;6;4;4;0³,2	4,6	4,4	Ⅳ
	5	1,2,4,8,16:30,32,43,53,62	5;10;10;5;0,4,4,2	5,10	5,0	Ⅲ
		1,2,4,8,16:31,32,47,51,60	5;10;10;4;0,1,4,0,4,0,2	5,10	4,4	Ⅳ
11	2	1,2:28,32,36,40,44,48,52,56,60	2;1;1;2;1	2,1	2,1	Ⅲ
		1,2:4,8,15,16,23,32,39,57,62	2;1;1;2;1;0⁴,1	2,1	2,0	Ⅳ
	3	1,2,4:8,15,16,31,32,47,48,63	3;3;3;3;0,3	3,3	3,0	Ⅲ
		1,2,4:8,15,16,23,32,39,57,62	3;3;3;3;0⁴,3	3,3	3,0	Ⅳ

附　录

（续表）

n	f	Design $T=\{G_1:G_2\}$	$^\#_1P_2;^\#_2P_1;^\#_2P_2;^\#_1P_3;^\#_2P_3$	Cs	SCs	R
	4	1,2,4,8 : 15,16,31,32,47,48,63	4;6;6;4;0,6	4,6	4,0	Ⅲ
		1,2,4,8 : 15,16,23,32,39,57,62	4;6;6;3,0²,1,0,2,0²,3,1	4,6	3,0	Ⅳ
12	2	1,2 : 24,28,32,36,40,44,48,52,56,60	2;1;1;2;1	2,1	2,1	Ⅲ
		1,2 : 4,8,15,16,23,28,32,39,56,63	2;1;1;2;0⁸,1	2,1	2,0	Ⅳ
	3	1,2,4 : 8,15,16,23,24,32,47,55,56	3;3;3;3;0²,3	3,3	3,0	Ⅲ
		1,2,4 : 8,15,16,23,28,32,39,56,63	3;3;3;2,0³,1,0⁴,2,0³,1	3,3	2,0	Ⅳ
13	2	1,2 : 20,24,28,32,36,40,44,48,52,56,60	2;1;1;2;1	2,1	2,1	Ⅲ
		1,2 : 4,8,15,16,23,28,32,39,44,56,63	2;1;1;2;0¹²,1	2,1	2,0	Ⅳ
	3	1,2,4 : 8,15,16,23,24,31,32,40,48,56	3;3;3;3;0³,3	3,3	3,0	Ⅲ
		1,2,4 : 8,15,16,23,28,32,39,44,56,63	3;3;3;2,0⁷,1,0⁴,2,0⁷,1	3,3	2,0	Ⅳ
14	2	1,2 : 16,20,24,28,32,36,40,44,48,52,56,60	2;1;1;2;1	2,1	2,1	Ⅲ
		1,2 : 4,8,15,16,27,28,32,43,44,52,56,63	2;1;1;2;0¹⁶,1	2,1	2,0	Ⅳ
	3	1,2,4 : 8,15,16,23,24,31,32,39,40,48,56	3;3;3;3;0⁴,3	3,3	3,0	Ⅲ
		1,2,4 : 8,15,16,27,28,32,43,44,52,56,63	3;3;3;2,0¹²,1,0⁴,2,0¹¹,1	3,3	2,0	Ⅳ
15	2	1,2 : 12,16,20,24,28,32,36,40,44,48,52,56,60	2;1;1;2;1	2,1	2,1	Ⅲ
		1,2 : 4,8,15,16,23,27,28,32,39,51,52,56,63	2;1;1;2;0²²,1	2,1	2,0	Ⅳ
	3	1,2,4 : 8,15,16,23,24,31,32,39,40,47,48,56	3;3;3;3;0⁵,3	3,3	3,0	Ⅲ
		1,2,4 : 8,15,16,23,27,28,32,39,51,52,56,63	3;3;3;2,0¹⁵,1,0⁶,2,0¹⁵,1	3,3	2,0	Ⅳ
16	2	1,2 : 8,12,16,20,24,28,32,36,40,44,48,52,56,60	2;1;1;2;1	2,1	2,1	Ⅲ
		1,2 : 4,8,15,16,23,27,28,32,43,44,51,52,56,63	2;1;1;2;0²⁸,1	2,1	2,0	Ⅳ
	3	1,2,4 : 8,15,16,23,24,31,32,39,40,47,48,55,56	3;3;3;3;0⁶,3	3,3	3,0	Ⅲ
		1,2,4 : 8,15,16,23,27,28,32,43,44,51,52,56,63	3;3;3;2,0²¹,1,0⁶,2,0²¹,1	3,3	2,0	Ⅳ
17	2	1,2 : 4,8,12,16,20,24,28,32,36,40,44,48,52,56,60	2;1;1;2;1	2,1	2,1	Ⅲ
		1,2 : 4,8,15,16,23,27,28,32,39,43,44,51,52,56,63	2;1;1;2;0³⁵,1	2,1	2,0	Ⅳ
	3	1,2,4 : 8,15,16,23,24,31,32,39,40,47,48,55,56,63	3;3;3;3;0⁷,3	3,3	3,0	Ⅲ
		1,2,4 : 8,15,16,23,27,28,32,39,43,44,51,52,56,63	3;3;3;2,0²⁷,1,0⁷,2,0²⁷,1	3,3	2,0	Ⅳ

注："Cs"表示纯净的主效应和两阶交互作用的个数，"SCs"表示强纯净的主效应和两阶交互效应的个数，"R"表示设计的分辨度。

表 A.5　16,32-run 2^{n-m} 第四类 CCDs

n	f	Design $T=\{G_1 : G_2\}$	$^\#_1 P_2 ; ^\#_2 P_1 ; ^\#_2 P_2 ; ^\#_1 P_3 ; ^\#_2 P_3$	Cs	SCs	R
		16-run				
5	2	1,2 : 4,8,15	2;6;6;2;0,6	2,6	2,0	IV
	3	1,2,4 : 8,15	3;6;6;3;0,6	3,6	3,0	IV
		32-run				
6	2	1,2 : 4,8,16,31	2;8;8;2;8	2,8	2,8	IV
	3	1,4,16 : 2,8,31	3;9;9;3;9	3,9	3,9	IV
	4	1,2,4,8 : 16,31	4;8;8;4;8	4,8	4,8	IV
	5	1,2,4,8,16 : 31	5;5;5;5;5	5,5	5,5	IV
7	2	1,2 : 4,8,15,16,28	2;10;10;2;0,8,2	2,10	2,0	
	3	1,2,15 : 4,8,16,28	3;12;12;3;0,12	3,12	3,0	IV
	4	1,2,4,8 : 15,16,31	4;12;12;4;0,8,4	4,12	4,0	III
	5	1,4,8,16,28 : 2,15	5;10;10;1;4,0,8,2	5,10	1,0	IV
8	2	1,2 : 4,8,16,23,27,28	2;12;12;2;0,0,12	2,12	2,0	IV
	3	1,2,4 : 8,16,23,24,31	3;15;15;3;0,0,15	3,15	3,0	III
	4	1,2,4,8 : 16,23,27,28	4;16;8;8;2,0,2,0,8,8	4,8	2,0	IV
	5	4,8,16,23,27 : 1,2,28	5;15;10,4,1;0,0,5;1,4,10	5,10	0,0	IV
9	2	1,2 : 4,8,15,16,23,27,28	2;14;14;2;0³,14	2,14	2,0	IV
	3	1,2,4 : 8,15,16,23,24,31	3;18;18;3;0³,18	3,18	3,0	III

表 A.6　64-run 2^{n-m} 第四类 CCDs

n	f	Design $T=\{G_1:G_2\}$	$^{\#}_{1}P_2;^{\#}_{2}P_1;^{\#}_{2}P_2;^{\#}_{1}P_3;^{\#}_{2}P_3$	Cs	SCs	R
7	2	1,2：4,8,16,32,63	2;10;10;2;10	2,10	2,10	IV
	3	1,32,63：2,4,8,16	3;12;12;3;12	3,12	3,12	IV
	4	1,4,16,63：2,8,32	4;12;12;4;12	4,12	4,12	IV
	5	1,2,4,8,16：32,63	5;10;10;5;10	5,10	5,10	IV
8	2	1,2：4,8,16,31,32,47	2;12;12;2;12	2,12	2,12	IV
	3	1,2,4：8,16,31,32,47	3;15;15;3;15	3,15	3,15	IV
	4	1,2,4,8：16,31,32,47	4;16;16;4;16	4,16	4,16	IV
	5	1,2,4,8,15：16,32,51	5;15;15;5;9,6	5,15	5,9	IV
9	2	1,2：4,8,16,32,47,55,56	2;14;14;2;14	2,14	2,14	IV
	3	1,2,4：8,16,32,47,55,56	3;18;18;3;18	3,18	3,18	IV
	4	1,2,4,8：16,30,32,46,55	4;20;20;4;2,12,6	4,20	4,2	IV
	5	1,2,4,8,16：30,32,46,55	5;20;20;5;0,16,4	5,20	5,0	IV
10	2	1,2：4,8,16,28,32,44,55,59	2;16;16;2;16	2,16	2,16	IV
	3	1,2,4：8,16,31,32,47,55,56	3;21;21;3;21	3,21	3,21	IV
	4	1,2,4,8：16,27,32,43,53,62	4;24;24;4;0,12,6,6	4,24	4,0	IV
	5	1,2,4,8,16：30,32,43,53,62	5;25;25;5;0,0,17,8	5,25	5,0	III
11	2	1,2：4,8,15, 16,28,32,44,55,59	2;18;18; 2,0,16,0,0,2	2,18	2,0	IV
	3	1,2,4：8,15, 16,23,32,39,56,63	3;24;24; 3;0,24	3,24	3,0	IV
	4	1,2,4,8：15; 16,31,32,47,48,63	4;28;28; 4;0³,24,4	4,28	4,0	III
	5	1,2,4,8,11： 16,23,32,39,58,61	5;30;30; 1,4,0,0,6,24	5,30	1,0	IV

(续表)

n	f	Design $T=\{G_1 : G_2\}$	$^{\#}_1P_2;^{\#}_2P_1;^{\#}_2P_2;^{\#}_1P_3;^{\#}_2P_3$	Cs	SCs	R
12	2	1,2:4,8,16,23, 27,28,32,44,52,56	2;20;20; 2,0,16,0,4	2,20	2,0	IV
	3	1,2,4:8,16,23, 24,31,32,39,40,47	3;27;27; 3,0,0,24,0,3	3,27	3,0	III
13	2	1,2:4,8,15,16, 23,32,39,44,52,56,63	2;22;22; 2;0^3,16,6	2,22	2,0	IV
14	2	1,2:4,8,16,28,32, 39,43,44,51,52,56,63	2;24;24; 2,0^4,24	2,24	2,0	IV
15	2	1,2:4,8,15,16,23,32, 39,43,44,51,52,56,63	2;26;26; 2,0^5,24,2	2,24	2,0	IV
16	2	1,2:4,8,15,16,23,28, 32,39,43,44,51,52,56,63	2;28;28;2; 0^6,28	2,28	2,0	IV
17	2	1,2:4,8,15,16,23,27, 28,32,39,43,44,51,52,56,63	2;30;30; 2,0^7,30	2,30	2,0	IV